翻書就會算八字

王成義——著

序言

舉凡爲人論命，自古以來雖被視爲小道，然而命理師對於個人心境的影響卻有舉足輕重的地位，這些年來，隨著傳播媒體的發達，一些商業術士爲糊口計，不能深究五行之性，學術不求精進，學術不精則信者寡，信者寡則益加其營求，對於心存憂疑的問命者，又往往趁人之危，動輒要人改運，在現今的社會上層出不窮，令有識之士嗤之以鼻，而安命之人則愈少矣！

吾自學八字多年，加上實際的論命經驗，也分享了客人的人生起伏和其心路歷程，更加的確信四柱推命術的準確性，故而興起了撰寫本書的目的，主要是要推廣歷代先賢的命學菁華，使新世代的青年在接受科學教育之餘，能以更寬廣的心態來面對多元的生活面，莫再墜入那種「有心無智枉何爲」的悔恨當中。科技再怎麼進步，人嘛，總還得在地面上行走。學了八字學以後，將使我們在面對人生的百態之後，對於生命的意義有另一面的詮釋。「八字學」是一門既簡單又深奧的學理，常讓有心學習命理者，無所適從而半途折翅，本書的內容，前段是爲初學者準備了入門的基本知識，第四章以後則是八字學的綜合運用，不論是論命的技巧，常用的專業術語，還是在市場上或網路上常常遇到的感情和婚期的問題，都做了深入的探討。對於擇日剖腹產而引發的富貴吉凶的看法，更做了必要的解說。最後一章的客問答篇，則提供了更廣泛的心得，本著絕不藏私的精神，抛磚引玉貢獻所學，期望讀者在研習的過程中能觸類旁通，使得此門學術得以沿傳，並方便自學者與古代命理賦文間，能做個聯結。

人的心思是活的，可塑性極高，所以算命的結果本就沒有一個必然，不要相信秘訣，不要追求神斷，謹記「什麼工具做什麼功」，莫把命學給神化了，以為此術無所不知，無所不能。讀完本書，若能心領神會，多讀幾遍，悟透天心與人心的精蘊，善加利用，那麼在心境上你將會躍入另一個層次，在那個層次上，將讓你能從更宏觀的角度，去悟透此生的目的，同時會以更寬廣的角度去看待自己的親人和周遭所發生的一切現象，透過八字的分析對於個人生命的本質必能有所了悟，更能避開許多讓人產生誤會的想法，若是有緣日後成為一位為人解惑的命理師，更應本著慈悲之心，尊重天地，尊重生命，為天地盡心，為個人安命，其實命運背後運作的法則，都是元神的學習過程，本書所提出的命例大都是現實生活中發生的結果，儘管它曾讓人在內心的深處，不是那麼令人滿意，但元神安排的本意，無非是藉著肉體由內心去體會眾生，所以對於命運較為坎坷的人，千萬不可口無遮攔、滿口荒唐，動輒要人花錢改運，愚弄求助者，令同業蒙羞。學習命理者，本應是智者中的精英，在學習命理的過程中莫忘人心的發用，八字命理學的理論有其深奧的哲學為基礎，吾才疏學淺，人微言輕，深切的期望後進能發揚此學，為這個躁鬱的社會，提供一口甘泉，此乃吾之所願，果能如此，編寫本書就可說是達到目的了。

目錄

第一章
八字的殿堂

在一般人的觀念中，講到算命，就認爲是迷信，想到算命的，就聯想到戲曲中留著兩撇鬍子的小三子，那種見人說人話，見鬼說鬼話的江湖術士，要不，就是一身八卦道袍，手持鵝毛扇的怪異老者，掐指一算，好像無所不知，無所不能，呼風喚雨，撒豆成兵。兩極化的形態，看得國人也對算命的風氣呈現了兩極化的看法；不是迷信，就是不信。其實這都是我們對於自己的文化認識不夠，確實不夠，因爲學校教育沒有教，所以絕大多數的人，一直不了解四柱推命術在命學中的份量，因此在首篇中，就先以四柱推命術的緣起和命運對個人的啓示這兩節，來做爲引領讀者進入這個八字命理學領域的敲門磚。

第一節 四柱推命術的緣起

任何一件事情的發生，都有其發展的軌跡，由於算命所預言的內容，涉及個人生活的各個層面，自然會引起人們普遍的興趣與關注，故而成了社會文化的一部分。因此有緣成爲研習命理的同好，有必要從歷史的軌跡，來探討命學發展的背景以及前賢們努力的過程。

遠的不說，就從漢高祖劉邦爲始，他來自於民間，糾集了平民百姓，角逐群雄，憑其戰功和本事，從最底層的平民一躍而成為統治的最高層，所謂一人得道，雞犬升天，加上仕進制度的改革，以及內部權力的鬥爭所引發的大規模人事的變動，造成了許多人在命運上的落差，此起彼落。人們在迷惘於個人未來的發展之下，就給算命的風氣創造了一個適合發展的溫床。到了隋唐科舉制度的實行，更讓一般的讀書人有了晉身之階，這種仕門大開，也造成了中國有史以來人生浮沉的最大機遇，其間有人少年得志，有人老於文場卻與當官無緣，有人財粗氣淺也能買官，更有人因惹官禍而誅及宗族，社會現象充滿著對個人命運的困惑與不安的心態。當時，殿中侍御史李虛中就在這個大環境中，集結了先前陰陽、五行和星命學之理，整合出一套以出生年為主的納音法來論人休咎，雖然粗糙，卻為命學提供了一個雛型，到了五代之時，再由徐子平先生改以出生的年、月、日、時，排列四柱，以日干為主，以五行的旺、相、死、囚、休及干支的生剋制化來論斷吉凶，大大的提升了論命的準確性。所以今之談命者皆宗其法，故四柱推命術又稱為子平學，由於方法正確，問命者信之，從此吸引了讀書人研習的風潮，並成了社會的風尚。研習者又從古賦文中尋求新論，創造了更多的論命方式，進而演化了衆多的流派。明朝嘉靖年間萬民英進士，為一篤信命理學的精英，雖曾任職於河南道監察御史，後又為福建布政司右參議，在其公餘之暇，也收錄了歷代命學家的學說及流傳於民間的賦謠，以其進士出身的文學涵養，編輯了《三命通會》，為命學的發展做出了卓越的貢獻。再者清朝內閣大學士陳素庵的《命理約言》，乾隆己末進士沈孝瞻的《子平眞詮》，多試不第的任鐵樵先生所增註的《滴天髓闡微》，和民國以來，徐樂吾先生的《滴天髓補註》與《造化元鑰評註》，以及諸多的前輩都爲命學做了由繁雜而轉爲簡約的貢獻，爲我輩提供了一個學習的方向。

由上可知，隨著歷代發展的軌跡，伴隨著文化的舞動，四柱推命術的應用，實融合了當時儒、釋、道的精神，也是老祖宗在生活中，從順天應人、天人合一的哲學思想裡，衍生出的一套用之於個人全方位的學術，是預知學中最準確的術數。其所依據的，是從個人出生的四柱干支所排定的命和運，以陰陽五行的生剋制化、會合刑沖和十神的類化來分析下列幾種狀態。

一、推斷六親關係：如父母、夫妻、子女、朋友的對待關係。

二、從命格中推斷個人的個性潛能，以做爲升學、謀職和學習方向的重要參考，更是爲人父母者，培育子女重要的依據。

三、依據行運的順逆，推斷個人一生中的起伏轉折，使識命者進退有據。

知命、運命，才是常保盈泰的最佳準則，我們深信面對困境絕對是成長的動力，總是比活在恐懼、無知中來得踏實。命雖聖人所罕言，而爲君子者又豈可不知也。命學浩瀚，可精可粗，端看個人的用功程度，是一門值得終身學習的科目。

第二節

命運對個人的啓示

命理學所探討的內容涉及到個人生活的各個層面，舉凡個性、事業、六親關係以及一生的吉凶悔咎，因此一直引起人們普遍的興趣和廣泛的討論。四柱推命術雖是一套用之於人的學術，然而在應用上，仍以天、地、人三才並用。至於人為何受制於天地？古人的說法是，在鴻濛分判，陰陽始列，輕清者上浮於天，其質為陽。重濁者下凝為地，其質為陰。清濁相混者居中為人，其質陰陽合併。所以人秉乾坤而交以成性，受陰陽之感以成形，得五行之化育，而五臟五德，由此而俱備，受六合之交感而六腑六根亦備焉。所以人不僅是父母所生，亦是天地所生，是天地的造化，是必須被尊重的。明朝大儒王陽明先生說過：「我的靈明，便是天地的主宰。天沒有我的靈明，誰去仰他高，地沒有我的靈明，誰去俯地深，鬼神沒有我的靈明，誰去辨他吉凶災祥。天地鬼神萬物，離卻了我的靈明，便沒有天地鬼神萬物了。我的靈明離卻了天地鬼神萬物，亦沒有我的靈明。」這不僅是陽明先生強調現世人心的運用，也說明了天、地、人乃一氣流通，互為作用，所以命運雖屬前定，非吾人所能左右，然而若透過人為的努力，以人心來應物是可以調適的。基於此理「心」的作用就大了。人性基本上具有求生存、求安適的心態，所以在感嘆人生之不如意時，自然會生起如何趨吉避凶的念頭。科技、宗教、醫學，以及種種行業的執行者，無不在其崗位上，盡其所能的爲人類的福祉貢獻心力。這種基於人類群體的努力和互助，雖然提供了人類的便利性和舒適性，然而，社會上依然充斥著不安和恐懼。命理學所強調的雖有「宿命論」之嫌，然而透過命理師的解說，對於人心的運作，自有其正面的效果，所以命運好與壞的論點，並無一定的判斷標準，就如同，到附近吃碗牛肉麵來得便捷，還是驅車到大飯店吃份三千元的大餐來得氣派呢？關鍵在於個人的價值觀和當時之需要。知命的目的，其實是藉著四柱推命術的理論來分析個人的潛能和所背負的天命以做爲個人生涯規劃的參考，使之進退有據，莫再讓古人笑今人。在此我不願以「命運天註定，半點不由人」的悲觀論調來否定人類的努力，然而天不從人願者十之八九，如果能冷靜的看看自己周遭的一切人、事、地、物，眞正可以讓自己掌握的又能有多少呢？在此我就以黃國復先生在報紙上論命運一文中所談及的故事與大家分享：

有一隻失戀的蟑螂，因爲想不開而打算衝進一個擠滿舞客的舞池，期望被亂腳踩死。可是沒想到這猛然一衝，竟然越過了千腳陣，安全抵達對面，於是牠便因這個壯舉成爲冒險英雄，如願娶得了一隻會跳方塊舞的雌蟑螂。相反的，有一隻蚊子可就沒這麼幸運了，牠因失戀而沮喪地在街上飛舞，突然間，牠聽到音樂廳裡傳出美妙的音樂聲，於是飛了進去，那時正好是一首壓軸曲的結束，現場觀衆頓時齊報以熱烈的掌聲，結果蚊子恭逢其時，便在這片掌海中給亂掌打死了。

想一想如果一個身穿紅袍、身帶禮物的聖誕老公公，若身處鬥牛場，相信那種場面一定令人鼻酸。在我論命的經驗中查覺，眞正潦倒資金緊絀之人，往往是曾爲事業打拼、愈挫愈勇的創業投資人，然依其命盤，再看行運，其實徵兆早已顯現，只是他不知命運，豈能怪乎？習慣上遵循成功者的足跡邁進，是成功的捷徑，但若能事事皆如此，哪有失意人？

天不生無根之草，不養無祿之人，個人頭上自有一片天，接受自己，是改變命運的第一步，所謂靜極思動，動則產生變化，所以祇有全然的接受，才能理出一個方向，方向對了，就能順水推舟，片刻得意。命理師的職責是根據四柱八字，配合行運順逆，據實以報，使個人能夠在現實生活中適時的調整步伐。在個性的運用上，根據六神的特性截長補短，例如八字中比劫多者又見財而不見官殺剋制者，則有比劫爭財之嫌，所以在行爲上，宜防範於未然，做好自我管理，交友宜愼，莫爲財起爭端，因此問命者，如果能夠認清這一事實，祇要改變個性和行事風格，凡事規劃籌謀，知所進退，多一分防範就可減少一分損失。至於夫妻宮若逢沖者，婚前不僅挫折多，婚後更宜細心經營，沒有人規定一定會離婚。在探討人性的心理上，我則深知，人是一種習慣性的動物，不怕一萬，祇怕萬一，面對困境，總比活在恐懼、無知中來得踏實，心念一轉即可海闊天空，天生我材，必有所用，把自己放對地方，立定志向，確實去實行，做一個眞實的自己，才是常保愉快的第一步。套句儒家之言，人生當盡其在我，以生爲樂；己立立人，己達達人；窮則獨善其身，達則兼善天下。

道之所以長存，是因陰陽之相濟，人之所以繁衍，是有生死之更替，萬物的發生，乃四季運行之結果，人之有喜樂，是歲月的引動，順境暢達、逆境調理。在這一順一逆中，方有跳躍的喜悅，這就是自然之道。自然就是美，美是一種變化和活力的象徵。所以生之為人，所經歷的絕對是一種自然的美。生命就如同跳躍的音符，有高有低，任何的片段，皆是豐富我們的生命，這也是生生世世的一部分。尊重天地，尊重自己，推己及人，自會尊重他人，尊重現實所發生的一切必有其因。命理學乃聖賢之學，是中華文化的寶藏，深含至高的哲理，其宗旨無非是引領後代子孫能夠知微知彰，知柔知剛，順天應人，扮好自己的角色，無憂無懼，才不枉此生走一遭。

總之，這個社會充滿著陷阱，逞強妄進而促成窮困潦倒、消極頹喪的例子比比皆是。命理之學能鑑往知來。改變命運的先決條件就在於了解深層的自己，學會認識自己、愛自己，有了解就會全然的接受，既然接受就有機會修正，這才是人力發揮上最重要的一環。達人知命，其庶幾矣！

第二章

命理入門

陰陽五行和天干地支是五術的基礎，也是學習命理學者初步的功夫，在這個章節中應先將其記憶，而後再予以深入了解，方能切入日後的運用，初步的功夫一定要記憶與純熟。

第一節 基本認識

五行

五行乃流行於天地之間循環不斷之氣，是萬物變化的能量，能化生萬物，在天爲流形之氣，在地爲春、夏、秋、冬之氣候，分別以木、火、土、金、水爲代表五行之能量。

五行相生

五行相生爲依序相生，代表著傳承與移轉和滋養的意義。其相生之序爲：木生火，火生土，土生金，金生水，水生木。

五行相剋

五行相剋爲隔位相剋，代表著制衡與對立和破壞的意義。其相剋之氣爲：木剋土，土剋水，水剋火，火剋金，金剋木。

五行方位

東方屬木，南方屬火，中央屬土，西方屬金，北方屬水。

爲了更加明瞭起見，我們以五行生剋圖示如左：

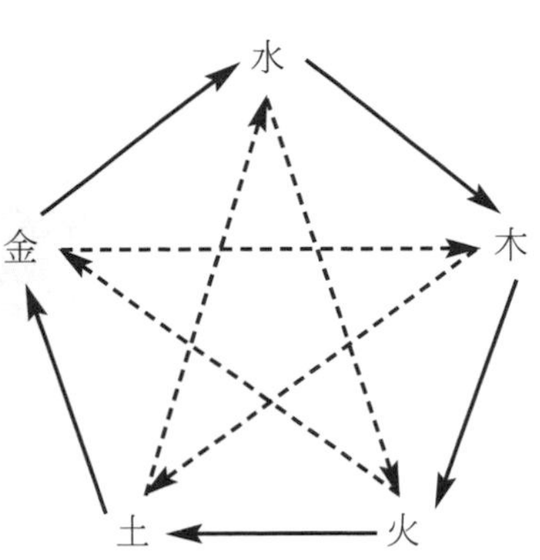

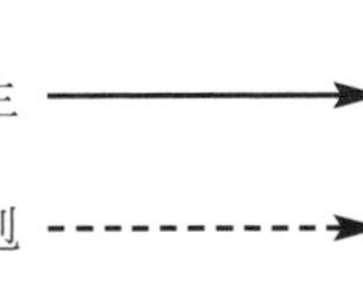

唸法：木火土金水
依序相生
隔位相剋

天干與地支

天干：甲、乙、丙、丁、戊、己、庚、辛、壬、癸。

其數爲十，亦稱十天干。干者，猶如浮露於地面上的樹之幹。

地支：子、丑、寅、卯、辰、巳、午、未、申、酉、戌、亥。

其數爲十二，亦稱十二地支。支者，猶如沉潛於地面下樹之根。所以地支怕沖，沖則根損，根損則敗葉。

干支陰陽

天干之甲、丙、戊、庚、壬爲陽干，其性剛強。

天干之乙、丁、己、辛、癸爲陰干，其性陰柔。

地支之子、寅、辰、午、申、戌爲陽支、其性剛強。

地支之丑、卯、巳、未、酉、亥爲陰支，其性陰柔。

干支方位

干支方位的利用，在實際論命中，提供了問命者日後發展的有利方位，這時就要看命盤中的喜用而定。

天干：甲乙爲木，屬東方。丙丁爲火，屬南方。戊己爲土，屬中央。庚辛爲金，屬西方。壬癸爲水，屬北方。

地支：寅卯辰爲三會木，屬東方，代表春季。巳午未爲三會火，屬南方，代表夏季。申酉戌爲三會金，屬西方，代表秋季。亥子丑爲三會水，屬北方，代表冬季。這其中辰戌丑未爲土，屬中央而寄於四隅，分別旺於四立之前的十八日內，是五行轉換的界面。

十二月建及二十四節氣

民間爲了便於記憶通常以每月的第一天到最後一天稱爲某月，如正月初一至正月三十爲正月，二月初一至二月二十九爲二月。但在命學中習慣上則以月令稱之，專論節氣。節者，爲月令開始的那一天；如立春交後，方是正月，立夏過後，方是四月。氣者，爲月令之中氣，通常是月令的中間日，如雨水氣交後，才是正月的中氣。茲將全年的月建及二十四節氣整理於後。

正月建寅　節：立春，氣：雨水。　二月建卯　節：驚蟄，氣：春分。
三月建辰　節：清明，氣：穀雨。　四月建巳　節：立夏，氣：小滿。
五月建午　節：芒種，氣：夏至。　六月建未　節：小暑，氣：大暑。
七月建申　節：立秋，氣：處暑。　八月建酉　節：白露，氣：秋分。
九月建戌　節：寒露，氣：霜降。　十月建亥　節：立冬，氣：小雪。
十一月建子　節：大雪，氣：冬至。　十二月建丑　節：小寒，氣：大寒。

二十四節氣的背唸歌訣如左，宜背唸。

正月立春雨水節。二月驚蟄及春分。三月清明並穀雨。
四月立夏小滿方。五月芒種及夏至。六月小暑大暑當。

七月立秋還處暑。八月白露秋分忙。九月寒露又霜降。
十月立冬小雪漲。子月大雪並冬至。丑月小寒大寒昌。

綜合以上爲便於初學者的查閱，就以天干地支的五行屬性整理如下：

天干：	甲乙	丙丁	戊己	庚辛	壬癸
五行：	木	火	土	金	水

地支：	寅卯	辰	巳午	未	申酉	戌	亥子	丑
五行：	木	土	火	土	金	土	水	土

木 → 火 → 土 → 金 → 水 → 木

木生火
火生土
土生金
金生水
水生木

五行相生

木 → 土 → 水 → 火 → 金 → 木

木剋土
土剋水
水剋火
火剋金
金剋木

五行相剋

干支相配

干支相配乃十個天干與十二個地支循環配合，依序以陽干配陽支，陰干配陰支組合而成，共有六十組不同的干支，從甲子至癸亥共六十數，周而復始，循環不絕，在民間是用來記載時間的更替，又謂之六十甲子。用法如下，例如今年爲丁亥年，明年依序爲戊子年；今天爲甲子日，明天就是乙丑日。六十甲子之中又分爲六旬，十干配十二支，最後就有兩支不入此旬內，故甲子依序至癸酉而止因無戌亥，這個戌亥就是甲子旬中的空亡。此將六旬及旬中空亡列舉如後。

甲子旬：甲子、乙丑、丙寅、丁卯、戊辰、己巳、庚午、辛未、壬申、癸酉。戌亥空亡。

甲戌旬：甲戌、乙亥、丙子、丁丑、戊寅、己卯、庚辰、辛巳、壬午、癸未。申酉空亡。

甲申旬：甲申、乙酉、丙戌、丁亥、戊子、己丑、庚寅、辛卯、壬辰、癸巳。午未空亡

甲午旬：甲午、乙未、丙申、丁酉、戊戌、己亥、庚子、辛丑、壬寅、癸卯。辰巳空亡。

甲辰旬：甲辰、乙巳、丙午、丁未、戊申、己酉、庚戌、辛亥、壬子、癸丑、寅卯空亡。

甲寅旬：甲寅、乙卯、丙辰、丁巳、戊午、己未、庚申、辛酉、壬戌、癸亥。子丑空亡。

第二節

干支會合刑沖

干支因屬於五行木、火、土、金、水且各具陰陽，有相吸相斥、相生相剋之性，所以就有干支會合刑沖的不同變化，僅簡略分述如下。

天干五合

天干合乃依據陰陽和合之理，此爲陰陽之道也。分爲天干相合和天干合化。

天干相合

甲己合

乙庚合

丙辛合

丁壬合

戊癸合

合是一種陰陽互見，且因剋而合，故謂之相合，如夫婦之合。合又是一種剋合，如甲木剋己土，庚金剋乙木，丙火剋辛金，所以又稱剋合，是一種絆合。因爲合的結果會彼此失去原來的作用。除非合化，因爲合化則會產生一種新的能量。

天干合化

研究五行合化要注意的是，五行相合時所遇到的環境是否適合變化。如果遇到的環境不適於變化，則五行雖合，不僅失去彼此原來的性質，其相合的動力也無法發揮，所以合化的條件必須要有適合變化的環境，亦即所臨之支通根乘旺。例如：

甲己合化土。必須生於巳午或辰戌丑未月，或坐下臨之。

乙庚合化金。必須生於巳酉丑月或申月，或坐下臨之。

丙辛合化水。必須生於申子辰月或亥月，或坐下臨之。

丁壬合化木。必須生於亥卯未月或寅月，或坐下臨之。

戊癸合化火。必須生於寅午戌月或巳月，或坐下臨之。

地支六合

同樣的道理，地支的六合亦是一陰一陽謂之合，其變化如下：

子丑合爲土　　寅亥合爲木

卯戌合爲火　辰酉合爲金

巳申合爲水　午未合爲火

地支三合

三合的力量甚大，通常由五行的長生、帝旺、墓庫所組成。

申子辰三合水局　申子、子辰各爲半合局。

寅午戌三合火局　寅午、午戌各爲半合局

巳酉丑三合金局　巳酉、酉丑各爲半合局

亥卯未三合木局　亥卯、卯未各爲半合局

半合局的能量較之三合局減半，如果地支僅見寅戌、申辰、亥未、巳丑，則不能成局。所以成局的條件，須見五行的帝旺參與其間方能成局。

地支六沖

沖的條件，就方位而言，都是相對的，就五行而言，都是相剋的，就陰陽而言，爲同性相沖，陰陽不和，所以才發生相沖。

子午沖　主心意不定。

丑未沖　主凡事多延滯。

寅申沖　主道路不安，多情多事。

卯酉沖　主門戶多搬遷。

辰戌沖　主言辭好鬥，易與人爭辯。

巳亥沖　主好管閒事喜助人，奔波勞碌。

以上地支的合沖關係爲便於記憶，可就左圖位置說明。

巳	午	未	申
辰			酉
卯			戌
寅	丑	子	亥

一、六合：橫線關係　如：寅亥合、午未合

二、三合：三角關係　如：申子辰三合水局

三、六沖：對角斜線關係　如：子午沖

第三節 十神概論

爲人論命，不過是依照陰陽五行之理的交互作用來視其變化的結果，前輩們爲了能更貼切的說明命盤的特色，在體陰陽、查人情，從生活的體悟中，創造了十神的名詞，讓人望文生義，使人一目了然。十神的名稱分別是指正印、偏印、比肩、劫財、食神、傷官、正財、偏財、正官、七殺。十神的產生，是以命盤日柱的天干稱爲日元或元神，又稱爲「我」，是命盤的主體，與其他干支的生剋關係分別是：生我，同我，我生，我剋，剋我，共有五種，茲分述如下：

一、生我者爲正印、偏印。

二、同我者爲比肩、劫財。

三、我生者爲食神、傷官。

四、我剋者爲正財、偏財。

五、剋我者爲正官、七殺。

不同屬性的陽見陰，陰見陽分別爲正印、劫財、傷官、正財、正官。

相同屬性的陽見陽，陰見陰分別爲偏印、比肩、食神、偏財、七殺。

例如元神爲甲木又稱爲我，元神甲木與其他天干的生剋關係其稱謂如下：

一、正印：若逢癸水生甲木。生我者爲異性，名爲正印。
二、偏印：若逢壬水生甲木。生我者爲同性，名爲偏印。
三、比肩：若逢甲木見甲木。我見同類同性，名爲比肩。
四、劫財：若逢甲木見乙木。我見同類異性，名爲劫財。
五、食神：若逢甲木生丙火。我所生者爲同性，名爲食神。
六、傷官：若逢甲木生丁火。我所生者爲異性，名爲傷官。
七、正財：若逢甲木剋已土。被我剋者爲異性，名爲正財。
八、偏財：若逢甲木剋戊土。被我剋者爲同性，名爲偏財。
九、正官：若逢辛金剋甲木。剋我者爲異性，名爲正官。
十、七殺：若逢庚金剋甲木。剋我者爲同性，名爲七殺。

因十天干均有機會成爲元神，初學者可依以上的方法而寫出十神名稱，爲便於初學者查閱，茲附上十神速查表，及四個命例供做練習。

天干十神表

日主＼天干	甲	乙	丙	丁	戊	己	庚	辛	壬	癸
甲	比肩	劫財	食神	傷官	偏財	正財	七殺	正官	偏印	正印
乙	劫財	比肩	傷官	食神	正財	偏財	正官	七殺	正印	偏印
丙	偏印	正印	比肩	劫財	食神	傷官	偏財	正財	七殺	正官
丁	正印	偏印	劫財	比肩	傷官	食神	正財	偏財	正官	七殺
戊	七殺	正官	偏印	正印	比肩	劫財	食神	傷官	偏財	正財
己	正官	七殺	正印	偏印	劫財	比肩	傷官	食神	正財	偏財
庚	偏財	正財	七殺	正官	偏印	正印	比肩	劫財	食神	傷官
辛	正財	偏財	正官	七殺	正印	偏印	劫財	比肩	傷官	食神
壬	食神	傷官	偏財	正財	七殺	正官	偏印	正印	比肩	劫財
癸	傷官	食神	正財	偏財	正官	七殺	正印	偏印	劫財	比肩

支藏干十神表

日主＼地支	子 癸	丑 癸 己 辛	寅 丙 甲 戊	卯 乙	辰 乙 戊 癸	巳 戊 丙 庚
甲	正印	正印 正財 正官	食神 比肩 偏財	劫財	劫財 偏財 正印	偏財 食神 七殺
乙	偏印	偏印 偏財 七殺	傷官 劫財 正財	比肩	比肩 正財 偏印	正財 傷官 正官
丙	正官	正官 傷官 正財	比肩 偏印 食神	正印	正印 食神 正官	食神 比肩 偏財
丁	七殺	七殺 食神 偏財	劫財 正印 傷官	偏印	偏印 傷官 七殺	傷官 劫財 正財
戊	正財	正財 劫財 傷官	偏印 七殺 比肩	正官	正官 比肩 正財	比肩 偏印 食神
己	偏財	偏財 比肩 食神	正印 正官 劫財	七殺	七殺 劫財 偏財	劫財 正印 傷官
庚	傷官	傷官 正印 劫財	七殺 偏財 偏印	正財	正財 偏印 傷官	偏印 七殺 比肩
辛	食神	食神 偏印 比肩	正官 正財 正印	偏財	偏財 正印 食神	正印 正官 劫財
壬	劫財	劫財 正官 正印	偏財 食神 七殺	傷官	傷官 七殺 劫財	七殺 偏財 偏印
癸	比肩	比肩 七殺 偏印	正財 傷官 正官	食神	食神 正官 比肩	正官 正財 正印

日主＼地支	午（丁己）	未（乙己丁）	申（戊庚壬）	酉（辛）	戌（辛戊丁）	亥（壬甲）
甲	傷官 正財	劫財 正財 傷官	傷財 七殺 偏印	正官	正官 偏財 傷官	偏印 比肩
乙	食神 偏財	比肩 偏財 食神	正財 正官 正印	七殺	七殺 正財 食神	正印 劫財
丙	劫財 傷官	正印 傷官 劫財	食神 偏財 七殺	正財	正財 食神 劫財	七殺 偏印
丁	比肩 食神	偏印 食神 比肩	傷官 正財 正官	偏財	偏財 傷官 比肩	正官 正印
戊	正印 劫財	正官 劫財 正印	比肩 食神 偏財	傷官	傷官 比肩 正印	偏財 七殺
己	偏印 比肩	七殺 比肩 偏印	劫財 傷官 正財	食神	食神 劫財 偏印	正財 正官
庚	正官 正印	正財 正印 正官	偏印 比肩 食神	劫財	劫財 偏印 正官	食神 偏財
辛	七殺 偏印	偏財 偏印 七殺	正印 劫財 傷官	比肩	比肩 正印 七殺	傷官 正財
壬	正財 正官	傷官 正官 正財	七殺 偏印 比肩	正印	正印 七殺 正財	比肩 食神
癸	偏財 七殺	食神 七殺 偏財	正官 正印 劫財	偏印	偏印 正官 偏財	劫財 傷官

例一

正官	偏印	元神	正印
庚子	癸未	乙巳	壬午
癸	己 乙 丁	丙 戊 庚	丁 己
偏印	偏財	傷官	食神 偏財
	比肩 食神	正財 正官	

例二

偏財	傷官	元神	傷官
己未	丙寅	乙巳	丙子
己 乙 丁	甲 丙 戊	丙 戊 庚	癸
偏財	劫財	傷官	偏印
比肩 食神	傷官 正財	正財 正官	

例三

傷官	七殺	元神	七殺
丁亥	庚戌	甲子	庚午
壬 甲	戊 辛 丁	癸	丁 己
偏印 比肩	偏財 正官 傷官	正印	傷官 正財

例四

正印	偏財	元神	正印
辛酉	丙申	壬申	辛亥
辛	庚 戊 壬	庚 戊 壬	壬 甲
正印	偏印 七殺 比肩	偏印 七殺 比肩	比肩 食神

在習慣上地支之十神寫出本氣即可，對於支中所藏的長生、餘氣、墓庫可略而不寫以達到簡捷的目的。唯觀盤之時，仍宜注意支藏干的刑沖，以及是否透干，以了解十神是否有力無力。

六神的生剋關係

有了十神的概念以後，通常論命者爲了在說明上的方便性，就將十神中具有相似性高的，簡化爲六神，例如：

正印、偏印合稱爲印綬。

比肩、劫財合稱爲比劫。

食神、傷官合稱爲食傷。

正財、偏財合稱爲財星。

正官、七殺合稱爲官殺。

命盤的主角爲我，稱爲日元或元神。

所以印綬、比劫、食傷、財星、官殺和元神，總稱爲六神，其相生的關係爲印綬生比劫，比劫生食傷，食傷生財，財滋官殺，官殺生印。相剋的關係爲印制食傷，食傷剋官殺，官殺制比劫，比劫爭財，財星壞印。

其生剋關係與五行之生剋，實爲一體兩面的說法，茲以圖示來說明以上的根據，以便於了解及記憶。

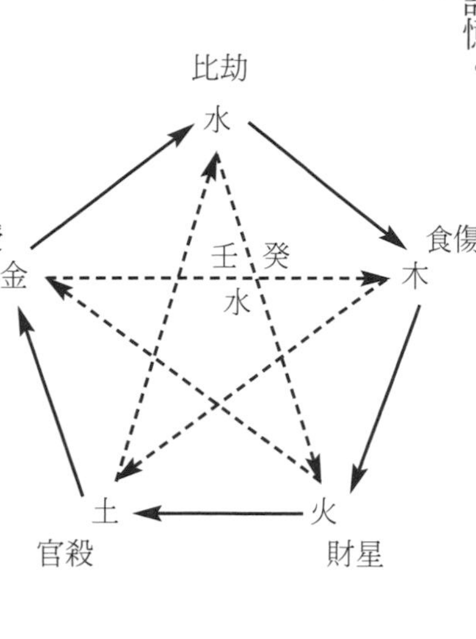

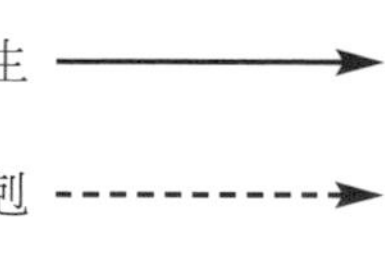

唸法：木火土金水
依序相生
隔位相剋

六神在命盤中的作用

六神在八字學的功能上，不僅可以做爲論斷個人的人格特質，亦是取用神的參考。原則上六神之於命，並沒有所謂的好或不好，並非見到財、官、印就是好，見到劫財、傷官、七殺就不好。原則上，我們必須建立一個觀念，只要對命盤有助益的就是好，就像身弱財多之人，最喜劫財之鄉，忠言雖逆耳，良藥雖苦口，只要能助我就是好。

印綬的作用

生我之神爲印，如陽見陰、陰見陽，甲見癸者爲正印，如陰見陰、陽見陽，甲見壬爲偏印。印爲生身之本乃我本氣的源頭，可順化官殺之力，轉成爲助我的力量，亦可壓制食傷桀驁不馴之氣，使我進退有據。故印綬乃是扶我、護我之神，所以當元神衰弱之時，最喜印星來扶助。如果元神強旺，自能獨立行事，則不宜見印來扶持，徒增其氣。通常印綬在一般命局中的作用如下：

一、洩官殺之威，轉而生身：通常日干衰弱的時候喜印來生身助強，如果八字中官殺之力甚強，必須仰賴印星來化解官殺之力，以官生印，印扶身之勢，轉而生助元神。反之，元神強旺時，則不喜印來生身，這樣恐有滿招損、畫蛇添足之憾。

二、剋制食傷：通常食傷之性爲任性、愛表現、重才藝，而印主文華、知識、保護，如果八字食傷太多，則藉著印星的特色能將食傷之性修飾得更爲完美。

三、印綬爲生我之神，唯生之太過，就會有所謂的母慈滅子，木塞火熄之狀。儒家之學在求一個中道，而命理之學，人倫之道亦不過在求一個中和而已。恰到好處就是美，一切適可而止，過與不及皆非美事。

比劫的作用

同我者爲比劫，比劫與我，本是同氣，故爲「有福同享，有難同當」。所以比劫在命局中的一般作用如下：

一、幫助元神：當元神受到官殺、食傷或財星來耗弱，致使元神能量衰弱，就需要比劫的幫助，就像我若有難之時，馬上想到同學或兄弟、朋友的幫助來抵抗外來的困擾。

二、劫奪財星：如果元神強而財星弱，代表同儕多而可用之財卻寥寥無幾，如再逢比劫來分享，則更顯不足，必然會群劫爭財而敗財壞身。所以日元強者，反不宜再見比劫。

三、比劫代表同輩、朋友、人際關係。比劫多者，其勢旺，其人氣也旺，有實際的行動力，具競爭和執行之能力，如八字配合不良，不見官星來剋制比劫或食傷來轉化順洩比劫之勢。則有成群結黨、花錢如水、六親不和的情境。

食傷的作用

我生者爲食傷，同性相生如陽見陽、陰見陰，甲見丙爲食神。異性相生如陽見陰、陰見陽，乙見丙爲傷官。食神與傷官同爲我生之物，統稱爲食傷。食傷在命局中的一般作用如下：

一、洩身生財：食傷既爲我生之神，就是我的菁華，雖然食傷會耗弱我的能量，卻也能展現我的才藝去生財。以女命而言，如果以「我」爲母，食傷既是我所生的，故而食傷就是我的子女。通常，從命盤上見有食傷，在論斷其好壞之前，應先看元神之能量如何，元神旺，則食傷爲優，元神弱再逢食傷，則元神的能量更弱矣。舉凡這種身弱有食傷再逢財運來臨時，由於身弱不能任財，就有因財惹禍之事。所以一般在術語上所說的「食神洩秀、傷官生財」先決條件要元神旺，如果元神弱，也要靠行運走到幫助元神之運的時候，方能使元神轉強才有能力洩身生財，否則是徒勞無功多做多錯。

二、制殺存身：通常殺重身輕，代表的是元神「我」，經常受到大環境的約束與考驗，而使元神身不由己，處於逆來順受的環境，這時祇要元神不太弱，便可藉著食傷之力，亦即自我的才華技藝，來應付外在干擾，但命盤則不宜再見到財星來滋殺攻身，使元神更弱。如逢歲運幫身之時，反能以藝取勝，博得聲名，雖然是辛苦了點，確可保身不受屈辱。

三、食傷代表一種才華、傲氣，與發洩付出。食傷多者則興趣廣泛、貪玩、好奇心重、不易信任他人，一生多付出且恃才高傲，心思及規劃能力細密，因傷官之神會剋害正官，女命如八字見到傷官若又配合不當，則會有承擔家計、爲夫所苦之憾。此處的正官在六親關係上稱之爲夫婿。

財星的作用

我剋者爲財，同性相剋，如陽見陽、陰見陰，如甲見戊者，戊就是偏財。異性相尅，如陽見陰、陰見陽，如甲見己者，己就是正財。財爲養命之源，是一切社會經濟活動的能量，財是指一切的資產；舉凡能夠養我，滿足我的支配慾，如購物、享受等一切的花費皆謂之財。故財者，爲塵世之人所愛也。所以財在一般命局中的作用如下：

一、財星可以洩食傷之氣勢轉而生官殺之威，五行貴在流通，食傷代表元神之秀氣，食傷逢財代表所付出的可以見到財，而財爲養命之源，這意謂著雖辛苦而有代價。有了財自然生起官煞，名利自然就來。當然要達到這個條件，元神的能量必須要旺，如果元神偏弱反而受財所支配，爲財所苦。除非行運走到幫身之運，方能任財而享受因財所帶來的益處。

二、財能剋印：財乃用之於社會，取之於社會，故八字財星多者，其爲人較具有社會性、市場性，且有現實的利益觀，如果八字財多而不見官星轉化，自然就有剋印之嫌，印爲長輩，印爲文書，所以財旺無官之命，不僅無力護財，且與母輩無緣和書本亦無緣。其心性上較易受社會流行風所影響，所以在求學之期，身弱，再逢財運，往往因不易集中心力而使讀書成績較不如預期。

三、財星爲我剋之星，勝者爲王、敗者爲奴，八字見到財星，須先辨別是我勝還是財星勝。如爲我勝，則是我去支配財星，我將享受財的好處。如果是財星勝，則難免爲財所奴役，因財惹煩憂。所以才有所謂的「身旺方能任財，身弱則爲財所苦」之說。

官殺的作用

剋我之神爲官殺，如陰見陽、陽見陰、乙見庚，這種陰陽有情之剋者稱之爲正官，故其管束多屬溫和。而陽見陽、陰見陰，如甲見庚、乙見辛，這種同性相剋，其勢剛硬屬無情之戰者謂之七殺，所以正官與七殺，雖同爲剋我之神，但其剋我之情亦有所差異。剋我，意即磨練我、管束我之意，如果元神旺能經得起磨練即可成棟樑之材。如果元神弱，再逢官殺緊剋且又行運不濟，則如風中殘燭，身不能受。通常官煞在一般命局中的作用如下：

一、拘束元神：八字中見官殺之星，元神因受其拘束，故行爲上較爲拘禮保守，心存警戒之心，而不妄自作爲，故膽小、負責、急性、脾氣大。

二、制劫存財：八字比劫多者，有比劫爭財，財不易留之憾。而官殺之力就是制伏比劫以護財星使財星得有所託，不致膽大妄爲，結黨循私。

三、官殺爲剋我之神，我必付出能量與之抗衡，若爲我勝，則享官殺之威，若爲我敗，則受官殺之欺凌，如逢八字有印，則有峰迴路轉、破禍成福之喜，即所謂「衆殺猖狂，一仁可化」。如見有食傷高透剋制官殺，也要元神旺且地位相宜，方能任之，所謂「一夫當關，萬夫莫敵」。若是元神衰微，則呈現剋洩交加，又豈能爲福呢？

第三章

四柱和大運的排盤法

爲人論命，初步工作就是根據來人的生辰資料，參閱萬年曆排定四柱。即根據出生的年、月、日、時，以天干和地支來表示，依序排出年柱、月柱、日柱、時柱，合稱四柱，因每柱有兩字，故又稱爲八字，所以俗稱的八字其實就是個人生辰的代名詞，例如民國九十四年農曆三月十六日中午十二點出生的男命根據萬年曆及推時法〈五鼠遁〉排出，其四柱和大運如左示：

十神	正官	食神	日元	比肩
天干	乙	庚	戊	戊
地支	酉	辰	寅	午
支藏干	辛	戊　乙　癸	甲　丙　戊	丁　己
十神	傷官	比肩　正官　正財	七殺　偏印　比肩	正印　劫財

大運	7歲	17歲	27歲	37歲	47歲	57歲	67歲	77歲
	己卯	戊寅	丁丑	丙子	乙亥	甲戌	癸酉	壬申

我們就是根據這個命盤的格式來判斷個人一生的富貴貧賤、吉凶悔咎。故而排列命盤是實際論命工作上的第一步，本章就是探討四柱的推演和大運的演算。

第一節　推年法

推年之法，在於立年柱，年柱又稱爲祖先柱，在命學上是以立春爲一年的開始，而非陰曆的正月初一即俗稱的春節。所以推算年柱，須在本年立春後出生者，才以本年的干支爲準，如在立春前出生者，就以上一年的干支爲準，如果在本年農曆十二月立春後出生者，即以下一年的干支爲主。

例如翻開農民曆查閱民國九十三年農曆正月十五日出生者，因已過正月十四日的戌時，故其出生年柱爲甲申。如果爲農曆正月十四日上午六時（卯時）出生者因尚未過立春，則仍以上一年的干支爲準，其出生年柱爲癸未，這時我們說其生肖屬羊，而非肖猴。

有一推算年柱的掌中定盤如左

用法：子宮中爲民國十三年其干支爲甲子，如再加六十年爲民國七十三年，其干支亦爲甲子，同理戌宮爲民國二十三年，民國八十三年皆爲甲戌年，申宮爲民國三十三年，民國九十三年爲甲申年，午宮爲民國四十三年，民國一百零三年其干支爲甲午，辰宮爲民國五十三年其干支爲甲辰，寅宮爲民國六十三年其干支爲甲寅。以上的說法爲基本定盤，其運用方式如下：若爲民國五十六年出生，則以民國五十三年之甲辰爲定盤，天干由甲順數三爲丁，地支由辰，順數三爲未，所以民國五十六年爲丁未年。讀者宜熟習之，滿足掐指一算的樂趣。

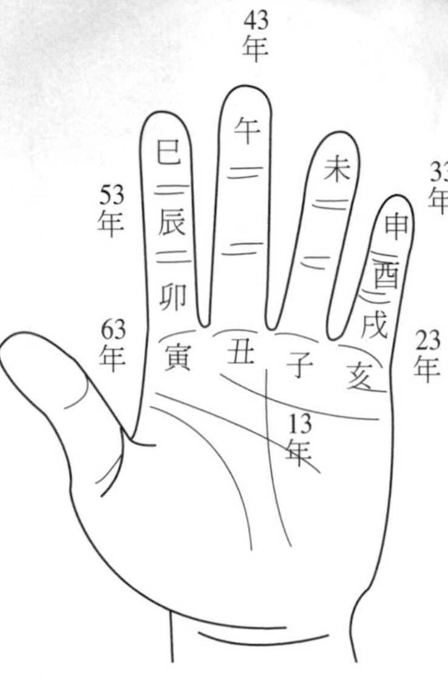

註：地支分佈於掌中的位置宜熟記，以方便於日後的運用，運用的方法如內附光碟所示。

第二節 推月法

月柱的排列，不論其有無閏月，皆以節氣爲觀察的標準，有關於節氣的說明，我們將於稍後中說明。通常月柱又代表父母柱，如果本人爲民國九十三年農曆二月十三日出生，查閱萬年曆，因尚未超過二月十五日之驚蟄節，故月建爲寅月，其月柱干支爲丙寅，而其月干之求法則依年干起五虎遁而來，這個「虎」就是寅。五虎遁的使用目的是依年干算出當年寅（正）月的天干。其簡訣爲：

甲己起丙寅
乙庚起戊寅
丙辛起庚寅
丁壬起壬寅
戊癸起甲寅

即是甲或己年的正月爲丙寅月，依序爲丁卯月、戊辰月、己巳月、庚午月、辛未月……丁丑月。

乙或庚年的正月爲戊寅月，依序爲己卯月、庚辰月、辛巳月、壬午月、癸未月……己丑月。

丙或辛年的正月爲庚寅月，依序爲辛卯月、壬辰月、癸巳月、甲午月、乙未月……辛丑月。

諸如此類根據五虎遁即可求出各月令之天干，爲便於查閱，列表如下：

月＼年	甲己	乙庚	丙辛	丁壬	戊癸
寅	丙	戊	庚	壬	甲
卯	丁	己	辛	癸	乙
辰	戊	庚	壬	甲	丙
巳	己	辛	癸	乙	丁
午	庚	壬	甲	丙	戊
未	辛	癸	乙	丁	己
申	壬	甲	丙	戊	庚
酉	癸	乙	丁	己	辛
戌	甲	丙	戊	庚	壬
亥	乙	丁	己	辛	癸
子	丙	戊	庚	壬	甲
丑	丁	己	辛	癸	乙

一年的十二月建二十四節氣

老祖宗們爲了便利農業，除了將一年分成十二個月，以地支寅、卯、辰、巳、午、未、申、酉、戌、亥、子、丑代表十二個月以外，並根據地球繞太陽運行所造成的寒暖濕燥，於每月設定一節一氣，各佔每月期數的一半，十二個月就有十二個節，十二個氣，合計爲二十四節氣。節者爲月令的開始，如立春是正月的開始，驚蟄是二月的開始。氣者，是月令的中氣，如春分是二月令的中氣，目前我們所用的曆法乃陰陽合參，陰曆是依月球繞行地球所造成的圓缺而定。陽曆是依地球繞行太陽一周而定。命理上月柱的排法是根據節氣來推算，所以雖然有陰曆三年一閏，五年再閏，亦沒有推算上的困擾，現將二十四節氣名稱介紹如下：

寅月始於立春，經雨水，終於驚蟄。
卯月始於驚蟄，經春分，終於清明。
辰月始於清明，經穀雨，終於立夏。
巳月始於立夏，經小滿，終於芒種。
午月始於芒種，經夏至，終於小暑。
未月始於小暑，經大暑，終於立秋
申月始於立秋，經處暑，終於白露。
酉月始於白露，經秋分，終於寒露。
戌月始於寒露，經霜降，終於立冬。
亥月始於立冬，經小雪，終於大雪。
子月始於大雪，經冬至，終於小寒。

丑月始於小寒，經大寒，終於立春。

茲附錄節氣歌訣如左，宜背唸：

正月立春雨水節。二月驚蟄及春分。
三月清明並穀雨。四月立夏小滿方。
五月芒種及夏至。六月小暑大暑當。
七月立秋還處暑。八月白露秋分忙。
九月寒露又霜降。十月立冬小雪漲。
子月大雪並冬至。丑月小寒大寒昌。

第三節 推日法

要知道每日屬何干支，最簡單的方法就是查閱萬年曆，例如民國九十三年農曆七月一日爲丁卯日，民國九十三年農曆九月九日爲甲戌日。

日柱的天干代表我們的元神，是八字的主體，日柱的地支又代表配偶宮。

第四節 推時法

四柱八字學依據的原理粗淺的說，無非是根據太陽與地球之間，因地球公轉與自轉的運動，而產生的四季寒熱濕燥，又因氣候的變化和晝夜明暗的差異而影響了地球上生命體的思緒和行為。在月令的取樣上，我們不依國曆或陰曆，而是依二十四節氣，在推時法中，也是以出生地的眞正太陽時為基準。台灣為狹長地形，尙屬於同一時區，故無計算上的困擾，如果遇到中國這個幅員寬廣從西起東經七十五度到東經一三五度的範圍內，如用中原時區通用的時刻，就會有上海人上午六點見到日出，而雲南人要七點半方能見到日出，因此兩地人民在作息上，自然有所出入，以致於在算命上有所偏頗。所以對於在大陸地區的問命者所報的出生時刻，應當以眞正太陽時為準。

世界各國以經過倫敦格林威治天文台的經線做標準，將一天以二十四小時來劃分全球的三百六十度範圍內，每隔經度十五度為一個時區。因此當倫敦是中午十二點時，在其東邊十五度範圍內為下午一點，在倫敦以西的一時區內的時間則為上午十一點。台灣、杭州、上海地處東八時區內，所以早了倫敦八小時，因此當倫敦中午十二點時，台灣已是下午八點了。有了這個概念後，對於目前中國地區使用的共同時刻，我們必須因其出生地經度的不同而換算爲眞正的太陽時，目前萬年曆皆以前清欽天監本爲依據，以北平經度爲準則，其節氣交換時刻以北平當地時刻爲基準。基於前述，凡經度在北平以東之地區時間應加之，以西則減之，這就是時差，經度相差一度，時差爲四分鐘，故其全國各縣市之眞正太陽時，如前賢徐樂吾於「命理一得」所整理之表格列於下頁，以供參閱。

推時法除了依眞正太陽時以外，對於台灣早期爲節約能源將當時某段期間內鐘錶撥快一小時的方法稱爲日光節約時間，詳見萬年曆。即在實施「日光節約時間」的那段期間，鐘錶若爲上午九點，則其眞正太陽時應減去夏令時間一小時而成爲上午八點。

【說明】萬年曆承前清之舊，以北平東經一百一十六度半爲標準。偏東應加，偏西應減。是爲時差，經度一度，時差四分，例如北平午正，山東爲午正初刻三分，浙江午正一刻，而河南爲午初三刻七分，雲南爲午初初刻六分也。曆法每時分初四刻，正四刻，今列應加應減分數，照一刻十五分，一時一百二十分，合之即得。

各省時差表（逐月節氣交脫照此增減）

應減時分	東經	地名	應減時分	東經	地名
66″	100°	青海	16″	112°5	山西
100″	91°	前藏	8″	114°5	河南
應加時分	東經	地名	30″	109°	陝西
無加減	116°5	北平	50″	104°	四川
2″	117°	天津			成都
10″	119°	江蘇	40″	106°5	重慶
		南京	9″	114°3	湖北
20″	121°5	上海	15″	112°8	湖南
15″	120°2	浙江	2″	116°	江西
		杭州	14″	113°	廣東
2″	117°	安徽	25″	110°2	廣西
3″	117°3	山東	54″	103°	雲南
12″	119°5	福建	40″	106°5	貴州
28″	123°5	奉天	7″	115°	察哈爾
		瀋陽	19″	111°8	綏遠
42″	127°	吉林	37″	107°2	庫倫
30″	124°	黑龍江	114″	88°2	新疆
6″	118°	熱河	50″	104°	甘肅

早子時與夜子時的應用

子時包括本日夜間二十三時到明日凌晨一時的一段時間，通常零時（二十四點零分）稱爲正子時，二十三點~二十四點爲當日的夜子時，後半段的子時（二十四點~一點）稱爲明日的早子時，所以日柱的取用以正子時爲前後兩日的交換點，而子時則依其是早子時或夜子時來取用當日或明日的日干，並利用五鼠遁來求取時柱的天干。

五鼠遁的口訣：

甲己起甲子。

乙庚起丙子。

丙辛起戊子。

丁壬起庚子。

戊癸起壬子。

凡甲日或己日的早子時（上午零點至一點）其時柱爲甲子，然後依序爲乙丑、丙寅、丁卯……乙亥。凡乙日或庚日的早子時，其時柱爲丙子，依序爲丁丑、戊寅、己卯……丙戌、丁亥。其他請讀者自行推算，其結果如附表。

日上起時柱檢查表

起訖時間　時／日干	甲、己日	乙、庚日	丙、辛日	丁、壬日	戊、癸日
自午夜零時起 至上午一時止	甲子	丙子	戊子	庚子	壬子
自上午一時起 至上午三時止	乙丑	丁丑	己丑	辛丑	癸丑
自上午三時起 至上午五時止	丙寅	戊寅	庚寅	壬寅	甲寅
自上午五時起 至上午七時止	丁卯	己卯	辛卯	癸卯	乙卯
自上午七時起 至上午九時止	戊辰	庚辰	壬辰	甲辰	丙辰
自上午九時起 至上午十一時	己巳	辛巳	癸巳	乙巳	丁巳
自上午十一時 至下午一時止	庚午	壬午	甲午	丙午	戊午
自下午一時起 至下午三時止	辛未	癸未	乙未	丁未	己未
自下午三時起 至下午五時止	人申	甲申	丙申	戊申	庚申
自下午五時起 至下午七時止	癸酉	乙酉	丁酉	己酉	辛酉
自下午七時起 至下午九時止	甲戌	丙戌	戊戌	庚戌	壬戌
自下午九時起 至下午十一時	乙亥	丁亥	己亥	辛亥	癸亥
自下午十一時 至午夜零時止	丙子	戊子	庚子	壬子	甲子

例如：來人爲民國六十八年十月二十三日凌晨零點三十分出生者：

零點三十分爲早子時，經查萬年曆二十三日，日柱爲癸丑日，則時柱依日干癸日，利用五鼠遁找癸起壬子，故時柱爲壬子。

例如：來人爲民國六十八年十月二十三日夜晚二十三點三十分出生者。

經查閱萬年曆日柱爲癸丑日，但時柱就當以二十四日爲甲寅日起五鼠遁甲己起甲子，故時柱爲甲子。初學者應釐清思緒，多練習。總之凡是見到二十三點（夜子時）以後生者，其時干的求法，當以第二日之日干起五鼠遁求之。

第五節 推大運法

依個人生辰資料排出的四柱謂之「命」，又稱爲天命，古人常說：「人道本乎天道，人之禍福窮通壽夭，皆受命於天，故曰天命，命是固定的，從命造的結構，可以看其根基的深淺，以論其成就。」「運」是流動的，是變動不羈的，包含的是大運、流年、流月。所以「運」也是一種轉動，也稱之爲氣數，是一種時間的鋪排，總括來說，命與運的作用就像四時運行於萬物，其榮枯否泰往往莫之爲而爲之，人受之於命在四時中運行，亦有升沈起伏、順逆窮通之變。是故先天之稟受謂之命，後天的行徑謂之運，此爲命運之所倚也。

大運的推算：是以四柱中的月柱爲基準來依序排列。方法如下：

一、陽男陰女依月柱干支順排。

二、陰男陽女依月柱干支逆推。

陽男陽女就是指出生年柱的天干爲陽干，如甲、丙、戊、庚、壬等年干出生的男女。如丙申年生的男女爲陽男、陽女。

陰男陰女就是指出生年柱的天干爲陰干，如乙、丁、己、辛、癸等年干出生的男女。如乙酉年生的男女爲陰男陰女。

行運時間的求法：通常一個大運爲十年，司十年之休咎，故有十年風水輪流轉之說法，對於命造何時開始受到大運的牽引。算法如下：

一、陽男陰女由出生之日辰，順數至下一個節令，視其歷經幾天幾個時辰。

二、陰男陽女由出生之日辰，逆推至上一個節令，視其歷經幾天幾個時辰。

三、將所得之天數與時辰以三日折算一歲來計之，不滿三日者，再以一日折算四個月計之，不滿一日者以一時辰折算十天計之。所得的幾年、幾月、幾日、幾時就是該命從出生時辰加上上面所述計算後的結果，就是上大運的時間。

第六節 四柱大運排盤實例

例一、民國四十九年農曆三月二日上午十點生之男命。（查閱萬年曆）

年柱		月柱		日柱		時柱	
庚子		己卯		乙卯		辛巳	
3	13	23	33	43	53	63	73
庚辰	辛巳	壬午	癸未	甲申	乙酉	丙戌	丁亥

陽男順行，自三月二日巳時順數到三月初十丑時清明交接時，計七天又八時辰，按三天折算一歲，一天折算四個月，一時折算十天其算法如下：七天爲兩歲四個月，八個時辰爲八十天即兩

個月又二十天，總加起來為出生後兩年六個月二十天後上大運。習慣上以出生之年為一歲，翌年為兩歲算是虛歲，故兩年後我們算三歲，由三歲起大運。其大運以月柱己卯為基，陽男順行，從生月己卯順佈，始行庚辰，繼行辛巳，以後類推。

例二、民國四十九年農曆三月二日上午十點生之女命。

時柱		日柱		月柱		年柱	
辛巳		乙卯		己卯		庚子	
78	68	58	48	38	28	18	8
辛未	壬申	癸酉	甲戌	乙亥	丙子	丁丑	戊寅

天數的求法：

29-8=21

21+2=23天

時辰的求法：巳時～亥時，6個時辰

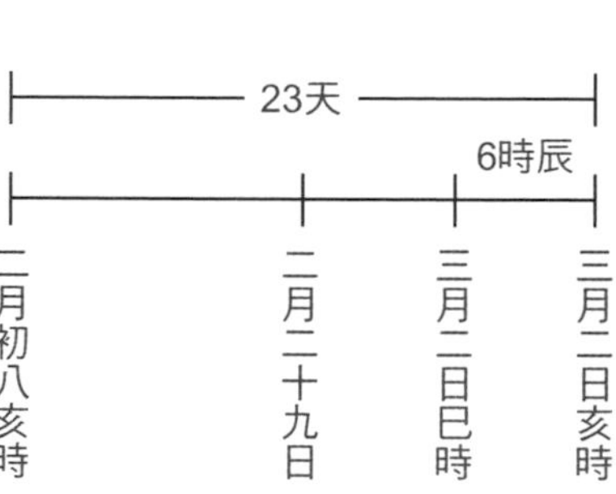

總共23天欠扣6時辰，即7年8月欠扣60天，亦即出生後7年6個月交大運，如上以虛8歲上大運。

陽女逆推，自三月二日巳時逆推到上一個節令二月初八亥時為七年六個月，其運算方法如右下所示：翻開萬年曆，大運從生月己卯逆推，始行戊寅，繼行丁丑，以後類推。

例三、民國四十九年閏六月十三日上午十點生之男命。

時柱		日柱		月柱		年柱	
辛巳		乙丑		癸未		庚子	
72	62	52	42	32	22	12	2
辛卯	庚寅	己丑	戊子	丁亥	丙戌	乙酉	甲申

天數的求法：

15-13=2天，為8個月

時辰的求法：巳時～亥時

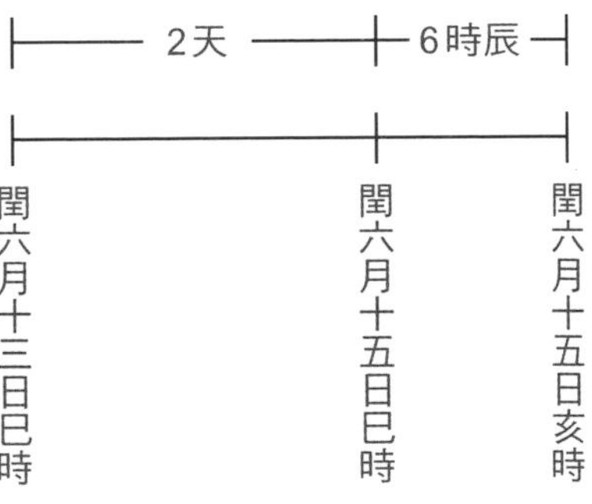

歸納共2天又6時辰，亦即出生後2天又2月交大運，也是出生後10個月交大運。從出生月份閏六月往後10個月為1歲4個月後交大運。如上以虛2歲上大運。

實施夏令時間中以上午九點生論之。陽男順推大運從生月癸未順推，始行甲申，繼行乙酉，以後類推。自出生日閏六月十三日巳時順推算到下一節令六月十五亥時爲十個月。

例四、民國四十九年正月初五上午十點生之女命。

時柱		日柱		月柱		年柱	
己巳		己未		丁丑		己亥	
72	62	52	42	32	22	12	2
乙酉	甲申	癸未	壬午	辛巳	庚辰	己卯	戊寅

天數的求法：

9-5=4天

為1年4個月

時辰的求法：寅時～巳時

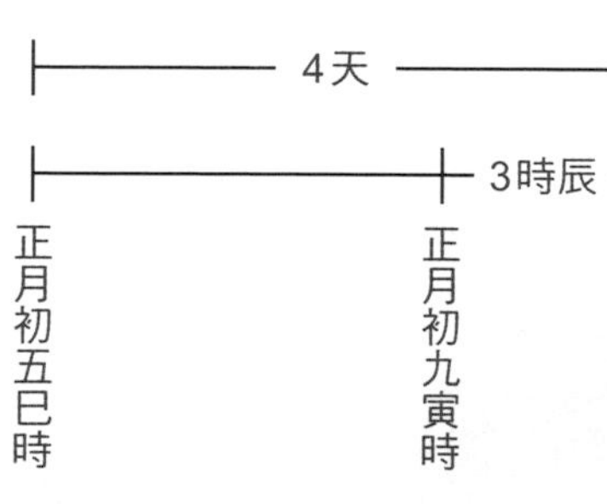

歸納共1年4個月欠扣30天，即出生後1年3個月交大運。如上以虛2歲上大運。

出生日在正月初九立春前，其年柱爲己亥，月柱之節令，尚屬丁丑月。陰女大運順推，始行戊寅，繼行己卯，以後類推。

自出生日正月初五巳時順推至下一節正月初九寅時共爲一年三個月。

例五、民國四十九年十二月二十一日上午十點生之女命。

年柱		月柱		日柱		時柱	
辛丑		庚寅		庚午		辛巳	
10	20	30	40	50	60	70	80
辛卯	壬辰	癸巳	甲午	乙未	丙申	丁酉	戊戌

天數的求法：

29-21=8天

8+20=28天

時辰的求法：寅時～巳時

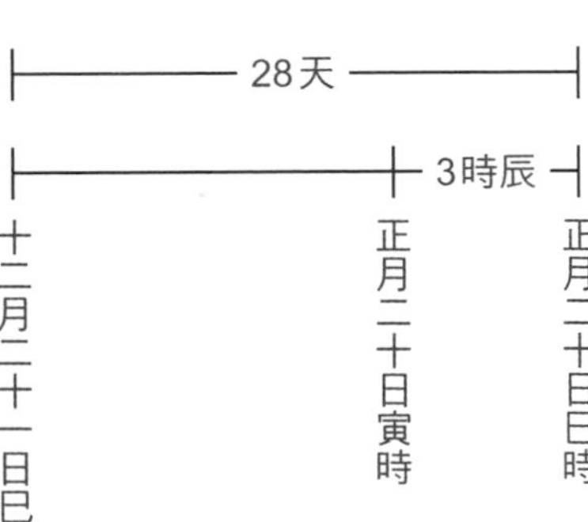

共為28天欠扣3時辰，為9年4月扣30天，為9年3個月。故為出生後9年3個月上大運。虛歲算為10歲上大運。

查萬年曆十二月十九爲立春，是庚子年與辛丑年的交接日，出生日在立春後，故年柱爲辛丑，生肖爲牛，月柱爲庚寅，陰女大運順推，從生月庚寅順佈，始行辛卯，繼行壬辰，以後類推。自生日十二月二十一日巳時順推至下一節令驚蟄正月二十日寅時共爲九年三個月。

例六、民國四十九年農曆十二月十九日上午六時生之男命。

年柱		月柱		日柱		時柱	
庚子		己丑		戊辰		乙卯	
2	12	22	32	42	52	62	72
庚寅	辛卯	壬辰	癸巳	甲午	乙未	丙申	丁酉

出生之時辰卯時尚未交過立春之巳時，出生年柱仍爲庚子，月柱己丑。陽男大運順推，從生月己丑順佈，始行庚寅，繼行辛卯，以後類推。

自出生日十二月十九日卯時，順推至當日巳時立春節止共約二時辰即二十天，若以出生年爲一歲，二十天後虛歲爲兩歲，故以虛兩歲交脫大運。

例七、民國四十九年農曆九月二十一日二十三時三十分生之女命。

時柱		日柱		月柱		年柱	
庚子		辛丑		丁亥		庚子	
72	62	52	42	32	22	12	2
己卯	庚辰	辛巳	壬午	癸未	甲申	乙酉	丙戌

天數的求法：

21-19=2天

時辰的求法：戌時～夜子時

共2天又2時辰，換算為8個月又20天，故為出生後8個月又20天上大運。如以虛歲算為2歲上大運。

夜子時生之人的時干，以次日壬寅日干起五鼠遁得庚子時。陽女大運逆推，從出生月丁亥逆推，始行丙戌，繼行乙酉，以後類推。

自出生日九月二十一日夜子時，逆推至上一節令九月十九日戌時立冬節止，共約八個月又二十天交脫大運。

例八、民國四十九年農曆九月二十一日零點四十分生之男命。

時柱	日柱		月柱		年柱	
戊子	辛丑		丁亥		庚子	
71	61	51	41	31	21	11
甲午	癸巳	壬辰	辛卯	庚寅	己丑	戊子

天數的求法：

30-21=9天

9+19=28天

時辰的求法：早子時～午時

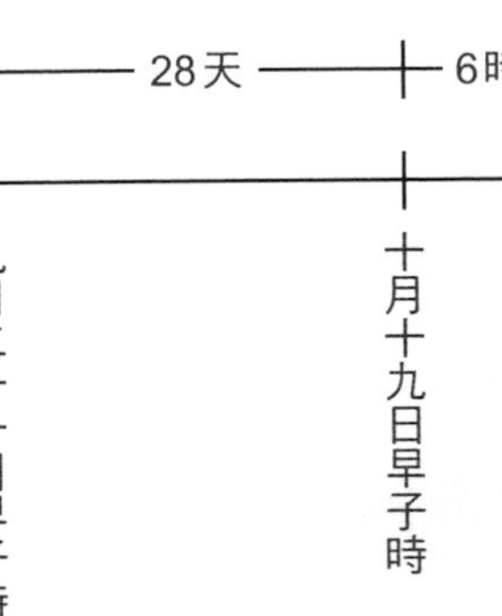

時數從早子時到午時共6時辰，共計28天又6時辰，換算為9年4個月又60天後交大運。故以虛11歲上大運。

九月二十一日巳時已經交過立冬節故月建爲亥月，順數至十月十九午時大雪節止，共九年六個月，陽男大運順推，從生月丁亥順佈，始行戊子，繼行己丑，以後類推。其上大運之算法如右。

第四章 四柱總論

四柱就是藉由個人出生的年、月、日、時，查閱萬年曆以天干地支來表示，也就是根據自己出生的年，排出年柱；以立春爲始，依出生的月令排出月柱；以節氣爲準，以出生的當日，排出日柱；再以出生的時辰，利用五鼠遁排出時柱，由以上的年柱、月柱、日柱、時柱所組成的命盤，統稱爲四柱。因每柱有兩個字，故又稱爲八字，所以八字亦可視爲個人出生時辰的代名詞。

四柱推命術就是根據這八個字，運用陰陽五行之理和天干地支的屬性，以生剋制化、會合刑沖的方法來判斷個人的人格特質，和一生的富貴貧賤與吉凶悔咎。論命的方法多端，然而初步且簡單的判斷方法，從四柱的排列結構就可看出端倪。就如同我們在觀看一棟建築物，從外觀上就可粗略的判斷建築物是否紮實穩固、是否寬廣？不需具備專業的結構學，祇要用眼睛細看，就不會看得太離譜。同樣的，對於四柱的排列，祇要具備了基本的知識，例如有了十神和干支會合刑沖的概念，就很容易判斷個大概。

爲了讓讀者能輕鬆的來了解四柱推命術的應用，我們就從命盤的架構、命運的主體，以及四柱宮位與十神的對應關係，做一個探討和說明。

第一節 命盤的架構

四柱推命術源自於陰陽五行，說的簡單一點，就是利用主體與客體間的一種對待和相應的關係。其實宇宙間的萬物，也常在彼此不斷的相對應之中和彼此的交流中，而各自發揮生命的潛能，不論是天上的飛禽、水裡的潛魚，乃至於大自然中的生物，無不各秉其性、悠然自若、其氣天成，就如蠅逐臭、採蜂忙，各施其性。人居天地之中，與萬物爲一體，秉陰陽之氣，頂天立地，亦隨著五行之氣而各稟其質、各施其性。四柱推命術就是根據人們在出生後的一剎那間，哇的一聲、驚天動地，五行之氣隨著與先天元神混爲一氣，而構成了所謂的命運。人生如戲，學習四柱的最高境界，就是在參悟五行之理後，再觀此八字的神韻，自能領受其蘊，就如王維的：「荒城臨古渡，落日滿秋山。」道盡了蒼涼的「靜」字，以及邵康節的那種因梧桐月向懷中照，楊柳風來面上吹。得其妙悟神契而怡然自得，進而讚嘆氣運天成的妙境。人生又豈能異於自然之境呢？所以對於五行之性，前輩徐樂吾先生在《造化元鑰評註》一書中，註解得十分透徹，有志於學習命理者必須熟讀之。基本上看命的方法，首先需了解命盤的架構，以及陰陽對待的結果，再來分析命運，這是最基本的觀念。所以《玉井奧訣》就說：「凡推究造化之理，其法以日爲主，又說造化需原本體。」《滴天髓》亦云：「道有體用，不可一端而論也。」簡單的說，道即陰陽，就「命」而言，日干爲「體」，「用」即是除了日干之外其餘的七個字，以月令爲綱，依據干支性質以及會合刑沖的規則結合爲一體，來與日干建構成一個對待關係，就是俗稱的命，再以這個命爲「體」，配合行運的變化爲「用」，來築起個人一生的軌跡，我們稱之爲「命運」。

接下來就以一個命例來說明，從四柱的結構中如何了解其內涵並進而分析。

女命

一生行運		生命歷程	柱別	十神	八字	支藏干	十神	六親宮
6	庚子	根	年柱	正印	辛亥	壬	比肩	祖宗和遷移宮
16	辛丑					甲	食神	
26	壬寅	苗	月柱	正官	己亥	壬	比肩	父母和兄弟宮
36	癸卯					甲	食神	
46	甲辰	花	日柱	元神	壬子	癸	劫財	日干為我 日支為夫妻宮
56	乙巳							
66	丙午	果	時柱	偏財	丙午	丁	正財	子女和事業宮
76	丁未					己	正官	

依此命例我們大略分析如下：

元神為壬水，十干體象詩云：「壬水汪洋併百川，漫流天下總無邊，干支多聚成漂蕩，火土重臨固本源。」今觀原局元神為壬水，壬水猶如江河之水，生在十月，亥水當令，加以年柱金水相助，水勢浩瀚，有奔流不息之象，最須戊土出干方能制之，以成堤岸之功。《五言獨步》云：「建祿生提月，財官喜透天。」亦即土止水流福壽全，然命局正官己土虛懸月干，雖通根於時支午火，但子午之沖，火土動搖，己土不僅無止水之功，反倒混濁了壬水澄澈之性。幸見時柱丙火陽光高透，尚有日照江湖，晶瑩之象，雖然命主奔波勞碌，但為人坦率熱情，且面貌清明，猶如命盤所呈現的景象有湖光山色之美。再來我們就粗淺的依此命盤的架構，從宮位上、星性上來判斷其六親的關係。

一、正官己土為夫星，虛懸於月干，時干丙火隔位相助，救應不及，且己土正官又氣洩於年干辛金，此為夫星無力的看法。再看配偶宮又逢子午之沖，宮位動搖呈現不穩之狀，所以在感情方面難免會有波折，這是命局上的一個痛點。

二、偏財為父，正印為母，查其月柱父母宮位為比肩坐鎮，見比肩則有爭財之勢，又是偏財臨絕之地，且鄰支又不見官殺制伏比肩，所以父緣薄弱，命主在讀書期間，父母即已離異，隨母而居。雖然命盤以偏財為喜用，但偏財若不居於年月之宮，亦難享其父蔭，偏財居於時柱屬事業宮，故一切財利大都是自行奮鬥而來。

三、女命以食傷爲子女星，今食神藏於亥水中之甲木，並未明現，且時柱又爲子女柱，日時兩柱天剋地沖，所以子女緣薄，由於事業宮逢剋，故職場上亦奔波不停，本命擔任金融外勤業務的工作。

四、命局比劫成黨，多而有力，所以一生與兄弟、朋友互動甚多。由於忌神落於祖先柱，故而難受祖蔭，白手成家，乃出外離祖之命。

總之，觀命的方式很多，方法不一，這是快速且簡單的方法，若要論得精細，尚須配合其他的論命要點，方不至於錯亂，至於元神的定義以及從宮位和星性之關係來論六親，將於往後的論述中，從各個角度上再予以說明。

第二節 我是誰，誰是我

命學發展的初期，多以出生年為主，著重於納音與神煞之說，如呑陷殺、白虎煞、天狗煞，為人推命，粗俗怪誕，驚世駭俗，多有不驗。

近期又因電視媒體的推波助瀾，多以出生年為主，亦即所謂的生肖論命，更是粗糙荒唐，談命者以一付散彈打鳥的心態，愚弄觀衆，令人錯愕，社會上充斥著荒誕不經的論調，人云亦云，積非成是，令人扼腕。四柱推命術由來已久，到了五代之時，徐子平先生傳承了唐朝李虛中之術，並改以日干為主，配合四柱干支之陰陽五行，來推論個人的命運。這千百年來，經過前賢的印證整理，準確度頗高，理論亦逐漸完備。

明通賦云：「凡看命以日干為主，統三元而配合八字干支，論運以月支為首，分四時而提起五行之消息。」所以四柱排定後，對於一個深入研習命理的人，就不難看出命主一生的輪廓，然而有人出生即富貴平安、有人卻貧賤困頓、有人僥倖得利、有人行善遇險、有人高壯俊美天資聰穎、有人粗俗鄙陋資質愚魯。

也難怪宋太宗之時的宰相呂蒙正在破窯賦中感嘆而云：「文章蓋世，孔子尚困於陳邦，武略超群，太公垂釣於渭水。」徒嘆萬般皆是命，半點不由人的無奈。

從經驗上，我們察覺到「命」提供了個人的人格特質、六親關係、身體狀況、富貴貧賤等等訊息，而「運」指的是一種時間的鋪排，提供了命的運作軌跡，其相互間作用的結果就呈現了升沉起伏而構成了個人的吉凶悔咎，這就是所謂的命運。

在科學昌明的現代，強調物質的運用和享受，人們逐漸的喪失了人文素養。

在教育上，抱著人定勝天的觀念，執著於擋我者死和眼見爲憑的心態，不願虛心且耐心的面對困境，吶喊著：絕不向命運低頭，絕不妥協，一定要戰勝自己的命運，然而勝者幾希？強調物慾的結果，我們是否更快樂呢？靈性是否更提升呢？性格上是否被物化了呢？一個強調自我，沒有靈性的人生，離卻了天地的化育，是否太孤單了？

儘管我們不願意接受命運的安排，更不願意去面對那非我所願的事實，但生活還是要過下去，不論信與不信，命運的牽引依然存在。佛道的觀念著重於因果報應之說，基督教則強調，你是唯一的，是依上帝的形象創造而成的，此生不論發生什麼事，都有其發生的目的，都是上帝的巧妙安排，再大的困難也難不倒上帝的大能，透過祈求、禱告，上帝將會引領你走過這一生，生命原本就是要來學習的。

在此我願以多年論命的經驗來證實命運和自我的關係與讀者分享。生命是永恆的，此生的我祇是歸屬恆久生命的一個片段，然而在亙古恆久的我又是誰呢？在四柱推命術中，那個恆久的我，傳統上稱爲日干，我習慣稱之爲元神，由於元神與其他七個字的作用而產生了所謂的命，那七個字，你也可以把它當成冤親債主，也可稱爲業力。樂觀的人，不妨將它視爲它的存在是來豐富我的生命。

至於運的產生是根據月柱推排出來的，是此生必經的過程。月柱又是父母柱，人嘛！不是憑空而降，也非草石所生，皆是成胎於父母。所以開始皆由家庭出發。一路走出去，這是行運的根源，八個字中，元神僅佔一字，其他則佔七個字，在量的比較下，元神豈能不受其他七個字所影響，這七個字我們不妨將其歸之於元神的安排，陰陽學的基本論點，太極乃是負陰抱陽，陰陽不能截然分開，這是一體兩面的關係，相互爲用，元神對於業力的相互激盪就構成了俗稱的命，那麼元神到底是什麼？

元神，又稱爲日干，簡單的說，就是我們累世的靈魂，是個人此生此世的主角，在精神的世界裡，是個一塵不染散發著智慧之光的能量，在累世中，扮演著各種角色，在此我願引用西方心理醫學界的邁可·牛頓博士在《性靈宿命》一書中所闡述的，在精神世界的一個很重要的現象，就是生命分別屬於不同的群體，他們群體轉生，在生生世世中扮演著各種角色，俗世中人們的配偶和親友，往往是自己同一群體或附近群體的生命，尤其是配偶，常常是幾生幾世的伴侶。

生命會到類似圖書館的地方，研讀自己的生命之書，那裡面以影像的方式將記錄著他在紅塵中的生生世世之一切。生命還會來到幾位長者所組成的類似委員會的面前，回顧自己剛剛過去的一生，並被長者安排下一世。對於上一世的過錯，人們會非常的後悔，但在精神世界的生命不會為自己的過錯找理由，他們會自願地在下一世償還自己的業債，有時甚至會自願選擇更艱難的人生，進而更快的提升自己的精神層次。

轉生之前，生命還會到一個宿命之環中，觀察和體驗下一世的一些重要片段。在往後的命理分析我們會根據五行的理論，將各個命盤分析出源由，並呈現其外象表徵，希望讀者能以更豁達的心態來看社會發生的怪現象，進而調整心態，用更寬廣的角度戲看人生。不論是順境或是逆境，相信命運，就會相信這是元神的安排，生活的意義其實是在享受經驗。透過元神的安排，我們祇有臣服，臣服的眞義，不是要向命運低頭，而是要超越事實的表面和世俗之見，以智慧接受事實的眞相，這是元神和上天的約定，這也是道家無爲的精髓；就是從生活中尋找樂趣，透過臣服，透過與元神（深層意識）的對話與激勵，自我豐富與個人的成長，將會自然的發生。

你還感嘆命運作弄人嗎？其實元神透過肉體，經歷一場生命的歷練，當功德完滿，兩腿一伸，元神則飛升而去，帶走了生前的記憶和智慧，回到來時之處，預備著下一個旅程。研習命理，可以透晰人生，是一種福氣，亦是另一種感受，讀者務必以寬宏的心胸來面對一切，否則庸人自擾，不如不學。

第三節 六神和六親宮位簡論

論命者在四柱排定後，對於命主的富貴貧賤、吉凶壽夭，大致就有了輪廓，然而在日常生活中與個人命運的好壞影響所及者，就以六親家屬來得最爲密切，這六親包括了父母、兄弟、夫妻、子女等，雖然個人的命運並非全爲六親所決定，但對於一個血緣相同且朝夕相處的家庭關係裡，不能不受其成員的影響，所以研究命理者在六親和自我的關係上，不得不下工夫。現就以本節討論的重點分別述說如下：

一、六親在四柱中分配的宮柱

詳解定眞論云：「四柱以年爲根，月爲苗，日爲花，時爲果，又擇四柱之中以年爲祖上，則知世代宗派盛衰之理。月爲父母，則知親蔭名利之有無。以日爲己身，當推其干。」又說：「以月爲兄弟之宮，以日支爲妻宮，以時柱爲子息宮。」有了這個概念後，對於命主與其六親的緣分深淺，就有了一種看法。《金鼎神秘賦》就做了這樣的說明，它說：「年月併傷，父母妻妾難爲，年時併傷，怙恃繼嗣不保，年沖日兮，父母旺則妻妾難存，時沖年兮，兒女旺則父母易損，破命者少失雙親，破月者常剋昆季，破日者一身獨立，破時者老無結果。」也就是從四柱干支沖剋的結果來看，被沖的宮位，代表根基受損，既已受損，其所對應的六親自然緣分就不深了。所以玄機賦又扼要的說：「年沖月兮，離祖成家，日被提沖，弦斷再續，月時對沖，傷妻剋子。」以上之說亦即：「年看祖上與廢事，月覓親蔭之有無，日柱專論夫妻局，時知子息分高低。」

二、六神和六親的關係

依子平學來論六親，是由六神來配之。以生我者爲印爲母，以偏財爲父，以兄弟姊妹爲比劫。在論男命，則以正財爲妻，偏財爲妾，官殺爲子女；在女命則以官爲夫，殺爲夫以外之異性，以我生者食傷爲子女，這乃基於社會倫常「夫爲妻綱，子從母出」而來，爲了易於明瞭六親配合六神的關係，茲以圖示表之，並以天干之生剋沖合的影響來說明：

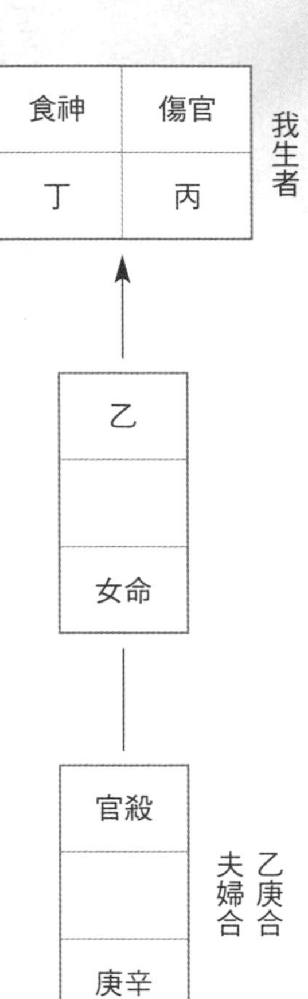

女命取官殺爲夫，取食傷爲子，八字若不見夫星，則以喜神爲夫，用神爲子。

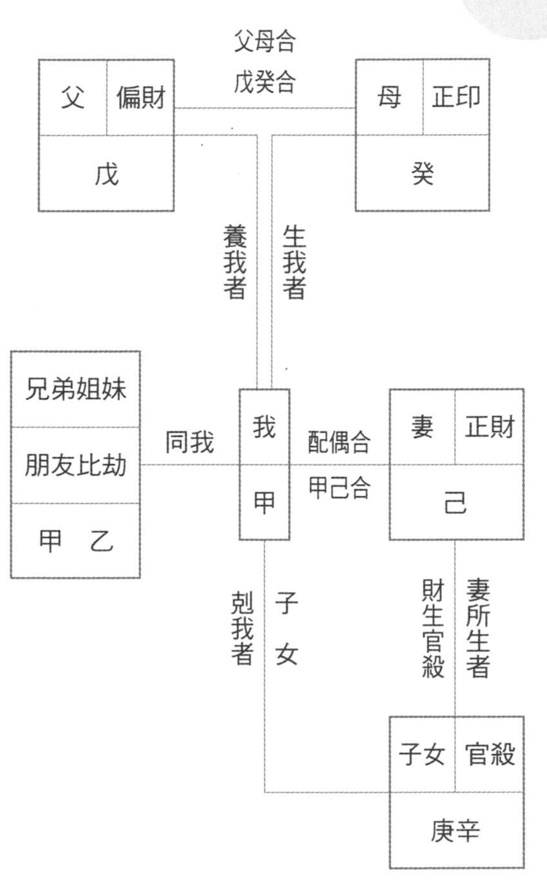

三、六神居於何柱何宮的影響力

有了前項六神所代表的六親以後，可初步的評斷，六神坐落於何宮所造成的影響力。經云：「年上財官，主祖宗之榮顯，月上官殺，主兄弟之凋零。」因爲年屬祖宗之宮，如果臨財官之地，代表祖宗榮達，如果月令爲官殺，由於官殺能制比劫，所以會與兄弟無緣。同樣的道理，女命配偶星本是官殺之星，如果月支或配偶宮坐傷官或食神，那麼夫妻觀念差距就大了，爭吵的機會就多了，故有女命傷官福不眞之語。依此原則男命日支若爲比劫，則比劫爭財，恐有剋妻之象。至於時柱又稱爲子女柱，故男命不宜見傷官，女命不宜見偏印。其相關賦文如驚神論所云：「早年無子，皆因日時刑身，日逢刃煞，妻必產厄，時值孤虛，子當不肖。」搜髓歌云：「提綱刑沖剋父母，月時對沖妻子屯，坐下傷官會罵夫，朝暮喃喃口不絕，干支同類並身旺，剋祖刑妻破祖田。」

四、喜用神居於何柱何宮的看法

一般看六親的方法都以年爲祖上，月爲父母，日支爲妻，時爲子女。如果用神在年柱則受祖上之蔭，喜用在月柱，主受父母之蔭，如果喜用在日支則受妻之助力，如果喜用在時柱，則得子女之力。這也是一種看法。

俗謂：「夫妻因緣宿世來。」又說：「子女根枝一世傳。」能成一家人皆是宿世緣，什麼樣的元神自會找什麼樣的父母投胎，有夫妻緣的人自會結成連理，這都是前世的約定，在以後的眞實命例中就會提供一些驗證。莫再因有所謂的剋子命、剋夫命、剋妻命……而惶惶不安。況且「剋」僅代表不和與考驗，是一種制約的力量，運用得當，就相剋而成，並非絕對的置於死地。其實個人頭上一片天，自己業力自己擔，如果能夠預先知道命運，相信是可將傷害降到最低的。因爲在人生的這個層面上，好與壞的處境，所呈現的結果祇是短暫的，且是個過程，重要的是自己的心態。

第四節

沖剋的力量對四柱的影響

本節就從四柱的排列所代表的意義，不論在原局中或行運中，若發生沖剋的現象，其相關的影響再做一個整理並說明如後：

年柱：若把人命比喻為樹木，年柱則代表著樹的根部，在四柱中又稱當生太歲，是四柱的源頭，至關緊要，所以當生太歲乃終身之尊，不可沖犯。在民間流傳著凡是流年太歲，沖犯當生太歲者，無喜必有禍。所以沖犯太歲之人宜安奉太歲，乃是人們普遍的認為樹若傷根，必然敗葉。因年柱即為根基，根基忌沖動，動則根拔，有離祖發展之象，又可引申為遷移宮。其主要的功能，可以看出尊祖的情況和自己幼小時期的情況。

月柱：以樹木做比喻，月柱如樹苗，是我們來到這個世界的落腳點，且是從小生長的地方，所以又可稱為父母柱或兄弟柱，代表著父母、兄弟及少年時期的生活情況。因為當月柱與原命的他柱或行運時，遇到沖剋，就意味著家人的不安。經云：「返吟伏吟哭淋淋，不傷自己也傷人。」通常若沖剋發生於月柱，六親的對象往往象徵的大都是指父母、兄弟，也同時意謂著根苗有損，所以搜髓歌有「提綱刑沖剋父母」之說以及玄機賦所云的「年沖月令，離祖成家。」都意謂著根苗既損，自有其因，因此若換個環境發展，尚有突破的機會。若願靜觀這個社會現象，就不難發現為何許多窮困家庭出身的人出外發展後，衣錦還鄉、榮歸故里的事蹟還真的不少。

日柱：以樹木做比喻，來到這個階段後，就已茁壯成熟如樹之花了，故主壯年時期。日柱又分為日干和日支，日干代表自我，日支代表配偶，日干又稱為日元、元神、身、我。在本章第二節已專節介紹，是命盤的主體，主宰了自己的一切，日支為配偶宮，代表著配偶的助力、配偶的個性，更涉及到可否結果的關鍵，所以日柱不喜沖剋，沖則花落，前面提到的「返吟、伏吟」若落在日柱，那麼受流年和大運影響的就是自己或配偶了，所以當日柱沖犯太歲之年，若在青年時期遇之，所受到的傷害絕對大於年柱沖犯太歲的力量，知命者不可不慎。

時柱：以樹木做比喻，就如樹之果實。也主壯老運及其人生的事業成就。所以又引申為子女柱或事業宮，本柱象徵著生命的終點，《滴天髓》云：「生時乃歸宿之地。」所以出生的時辰若能配合命盤的喜用神，就代表著其結局佳，可以扭轉整個命盤的方向，學習命理者不可不查。時柱若逢沖剋也代表著子女或事業有所思慮與變動，老年人此柱若逢天剋地沖，則宜注意身體的照顧。

有了以上的概念後，再從實例來說明，就簡單多了，也便於吸收活用。

例一：女命

傷官	己酉	正財	8甲戌
			18乙亥
正官	癸酉	正財	28丙子
			38丁丑
元神	丙申	偏財	48戊寅
			58己卯
偏財	庚寅	偏印	

元神丙火生於仲秋，丙火氣衰，加以滿盤金水重重，丙火剋之無力，徒呼負負，呈現身弱難任財官之命。行運喜木火幫扶，時支寅木雖有扶身之意，但寅申之沖，木火盡損，喜用受傷，有病無藥之命，平生辛苦倍嘗，僅能藉著行運來化解先天命盤的缺憾，戌運逢申酉戌三會解去寅申之沖，重病得藥，格外清爽，乙運乙庚之合，喜神乙木化為忌神，於二十一歲己巳年，歲運天剋地沖，一場車禍導致腿疾，二十八歲丙子年，申子合，化解了夫妻宮之沖，該年結婚，婚後夫妻溝通不良，又要照顧重障公婆，甚為辛苦，故想藉著工作擺脫目前的處境，但總有諸多理由，無

法成事，我們再觀其四十二歲後丑土食傷之運，不滿的情緒恐將發酵，事實上難以樂觀期待。

影響一生的命理因素：

一、所謂官多不貴，財多不富，若以女命看六親的關係上會呈現官多欠夫債，財多欠長輩的債，這是一個宿命。

二、日柱與時柱天剋地沖，對於中年後事業、子息、婚姻、皆有不利之兆。且年月天干呈現傷官遇官的不良基因。

三、原命身弱財官拘身又呈現因財壞印的沖擊，骨髓歌云：「若是逢財來壞印，懸樑落水惡中亡。」命主現在的憂慮可想而知，偏偏夫宮爲偏財且爲忌神，藉用千里馬說的一句話：「財星破印，宜逢比劫之鄉。」命主若能識命，應廣交朋友擴展自己的領域，莫侷限於命運的牢籠，才能擺脫命運的捉弄，否則早晚憂鬱成疾。

例二：男命

七殺　癸卯　偏印　　5 庚申
　　　　　　　　　　15 己未
偏財　辛酉　偏財　　25 戊午
　　　　　　　　　　35 丁巳

元神　丁卯　偏印　45丙辰

55乙卯

食神　己酉　偏財　65甲寅

八月丁火，陰柔退氣，元神生於仲秋之際，金旺秉令，又見天干金水透出，剋伐元神，原局不見甲丙透出制財護身，僅見年日二支卯印扶身，卻逢旺金近沖，根基盡損，呈現貪財壞印之局，故平生易因財惹禍。身弱財旺，運喜比劫幫身，喜木火忌土金水，自行運以來土金之運，違逆用神，身弱難養，所以從小送人扶養，唯財旺慾望高，午運之際，元神逢助，得養母之助，花費甚多，三十四歲丙子年，丙辛合水，喜用被辛財所合，因財惹禍，吸毒被抓，判刑三年多，執行一年三個月出獄，接下丁巳大運，扶助元神平順無波，以打零工爲生。丙運，丙被月干辛合，則財煞攻身，不病則災重矣！

影響一生的命理因素：

一、月柱與日柱天剋地沖，暗示著自己與父母、兄弟緣薄，也顯示出壯年時期三十至四十五歲間，若逢歲運不佳就容易發生不幸之事。

二、本命用神卯木逢月令酉金近沖，全局呈現有病無藥之命，《滴天髓》云：「何知其人凶，忌神輾轉攻。」也就是原局喜用損傷，這種命盤就不論其運途順逆與否了，若不逢救應之神來解原局之病，大抵皆無善果，縱使在好運之中，亦徬徨無定，行爲失序，成中有敗。

三、命乃一切之根本，若是原命有損，損傷之神若爲偏財，則必因財惹禍，受傷之神若爲印，則必讀書難成，書香不就，或父母不合，讀者可依此類推。

例三：男命

偏財	癸卯	七殺	1	甲寅
七殺	乙卯	七殺	11	癸丑
元神	己酉	食神	21	壬子
正印	丙寅	正官	31	辛亥
			41	庚戌

元神己土，生於仲春，乙木當旺之際，年月水木結黨剋制元神，喜見丙火化煞生助元神，又元神坐下酉金沖動卯殺，衰神沖旺旺神發，殺動攻身，且癸卯流年，癸水晦丙火用神，於出生兩個月後即夭亡。

影響一生的命理因素：

一、年柱癸卯與日柱己酉返吟，又月柱乙卯與日柱己酉亦成返吟的現象，可謂根基盡損，日主與長輩緣薄。

二、用神丙火逢流年癸卯剋制，用神受傷。

三、觀其大運一路東北逆用神之運，原命豈能招架得住，或許是老天的錯置，祇能重新來過，但本命若是爲女命，則大運順排，早運行南方之運，或不致於夭折吧！

例四：男命（命例取自張琦平淵海子平專輯）

正印	壬申	正官	4 甲辰
			14 乙巳
偏印	癸卯	比肩	24 丙午
	沖		34 丁未
元神	乙酉	七殺	44 戊申
	沖		54 己酉
偏財	己卯	比肩	64 庚戌

元神乙木，生於仲春，木正發榮之時，不宜見金傷殘，所謂剋制何需苦用金也，今原局年月

金水相生，日主氣旺，財星虛浮無根，故喜火洩木之氣轉而生財，行運喜火土，忌金水木。用神無力又無輔，平生注定起倒不一，十八歲之前，一片東方木運，逆其用神，家境貧寒沒有讀書，接下火土之運，在漁市場承做中盤商，發財興旺，惜乎婚後連生五胎皆留不住，終於皇天不負苦心人，在歷經一番艱辛後終得一子傳香。

影響本命的命理因素：

男命以官殺爲子，本命子星七殺逢兩卯近沖，子女柱與日柱天剋地沖，呈現不穩之狀，所以得子則備受波折。

例五：男命

偏財	丁酉	偏印		4	辛亥
				14	庚戌
劫財	壬子	比肩		24	己酉
				34	戊申
元神	癸亥	劫財	驛馬	44	丁未
				54	丙午
偏財	丁巳	正財	驛馬	64	乙巳

癸亥水生於仲冬，年月地支金水相生益增其寒，丁壬之合，一點陽和之氣化爲烏有，時柱丁巳與日柱癸亥又天剋地沖，本命呈現劫旺爭財，又不見食傷通關或官殺護財，所以一生財來財去，加以八字濕寒波動，故心性不定喜興風作浪，三十三歲己巳流年與日柱癸亥返吟，破產離家，拋妻棄子遠赴泰國做起玉石生意，三十六歲壬申年，時柱事業宮逢合，輾轉進入緬甸買賣玉石，終又失敗，從此就以老華僑身分在仰光利用人頭戶騙取台灣的投資客，受害者甚多。《滴天髓》云：「最拗者西水還南。」就是指沖奔之水如無木順洩，或戊土止流，而強拗用火以沖剋，勢必水火難容，是非不分而全無仁禮之性。本命八字無官，事業宮又逢沖剋，職業多變，常依投資客之需求從鐵板、農業、漁業的領域中，中飽私囊據爲己有。此乃爲富不仁的命例。

影響本命的命理因素：

一、書云：「月令建祿，不住祖屋，一見財官，自然發福。」所以本命於三十三歲之前由於大運金水，逆用神之運，在台南縣老家發展一事無成。

二、財劫相戰，不見通關之神，則本性粗愚，多成多敗，喜劫他人之財不學好。

三、前輩張琦平先生說日時犯沖天煞，身弱夭折，身強主剋妻兒或己身，不然犯天災；一生易因天災橫禍，一劫而空。亦即玄機賦所云：「身旺財旺天下富翁，原局須見食傷通關，或官星制劫，否則一生財來財去不足爲富。」讀者當警之，古賦文中，常常祇說了一半，而預留伏筆，初學者宜多驗證否則受害。身旺財旺天下富翁，還須某些條件配合的。

總之干支皆沖，稱爲沖天煞，其兇大增，原命或歲運來合，則能化解其凶，張琦平前輩在其《淵海子平》一書中對於沖天煞，在歲時，在年月，在月日，在日時，在歲運，做了以下的說明來做爲日後判斷的參考，茲節錄如後，但尚需配合十神喜忌來論斷。

一、歲時犯沖天煞：從十月懷胎中至誕生時，有妨害或災害之象。

二、年月犯沖天煞：身弱難養，身強則離家發展。

三、月日犯沖天煞：與尊親緣薄或宜過房之命，中年有災，配偶宜向遠方求。

四、日時犯沖天煞：身弱難養，身強主剋妻兒或己身，不然犯天災，一生積蓄容易因天災橫禍，一劫而空。

五、歲與運犯沖天煞：出外行車，凶多吉少。

編者按：八字學是門易學難精的學問，斷命的切入點甚多，本章用到的祇是沖剋會合的運用所產生的結果，淺顯而易懂，準確性也頗高，雖然不是個必然，但也差之不遠矣。

第五章
子平心得輯要

第一節 官煞混雜

官煞混雜又稱爲官煞並見，也就是在命局中分別看到正官和七殺並透天干，或者是地支多見，或者是干支皆見，這種官煞俱有，謂之官煞混雜。在傳統的命學中，正官、七殺皆爲剋我之神，我勝則享尊貴之福，若是我敗，則棄械受降，淪爲奴役供其驅使。在六親的看法上，女命以官爲夫，如再見到七殺，在那個封建的時代，或有貞節之辱，網路的討論版上，也經常被提起，所以學習命理者對於官煞混雜之論，應該有全面深入認知的必要。

《滴天髓》云：「官煞相混須細論，煞有可混不可混。」雖然傳統上認爲正官剋我，爲有情之剋，七殺才是無情之剋，然而不論有情之剋、無情之剋，剋之太過，不免始終受害，有情亦變爲無情了，故有官多變鬼之說。所以官殺之可混與不可混的關鍵點，還是要先看日主的強弱，以做爲判斷的依據。

【日主強，喜官殺，則官殺可混。日主弱，官殺重，以官殺爲忌神者則不可混。】

這是一個基本的判斷原則，徐樂吾前輩在《滴天髓補註》一書中，對於官煞混雜的看法提供了頗爲實用的論述；他說：

一、用財生官之局，忌煞相混；用印化官之局，不忌殺混。

二、用食制殺之局，殺重制輕，忌煞重，更忌官助；煞輕制重則宜扶煞，不忌見官。

三、身殺兩停之局，最宜印以和之，身輕殺重，忌見官殺齊來，身強煞輕則喜官來助之。

以上由前輩的論點來看，大致亦不脫離取用神的基本方法，即「扶抑」—以中和之理來論，或是藉著「通關」之神來貫通相峙之氣，使敵爲我所用。也就是弱者宜生扶，強者宜抑之。

然而這種官煞混雜之局，若用印化者，一定要見印貼身，亦即在月柱，或時干，或日支，且不逢財星緊剋者，方爲有用。這就是子平眞詮所強調的有情、無情、有力或無力，讀者宜多意會，在觀看命例中，對於救應之神，尤須理會用神干支的藏透，位置配合的次序，喜忌神與日主的貼近狀況而定，這是觀察命格高低的重點。

再說，女命以官星爲夫星如命盤中官殺並見，或殺旺不見制化，再行官殺之運，則易有感情之困擾，身強之命尚能自主支配，身弱之人則有遇人不淑，窮凶兩逼之害，所以女命還是以純官或純殺爲貴，所謂一馬不能配兩鞍也。

看命口訣云：「凡命官煞混雜，傷官合神重者，男子犯之，耽迷酒色，女子逢之，不媒自嫁。」

巫咸撮要云：「官鬼皆全，遐齡不遂，混雜官殺，奔走衣食。」

元理賦云：「去殺留官，當論貴；去官留殺，主威權。」這是對於官殺混雜去留的一個註解。

所以官殺混雜之命，祇要觀其原局，若日主旺相，制化得宜，印綬無傷，行運配合得好，富貴的也甚多。古書上所謂的有煞先制煞，若是身弱，殺強不見印，而以食神制煞者，也是迫於無奈，然命局呈現剋洩交集之狀，總會讓命主有心無力，徹底煎熬。反不如以印化煞來得美。亦即所謂的殺印相生之局，祇要配置得宜，就易得長輩提攜，福享天成。

例一：女命

比肩	戊戌	比肩	
七殺	甲子	正財	
元神	戊寅	七殺	
劫財	己卯	正官	桃花

8 癸亥
18 壬戌
28 辛酉
38 庚申
48 己未
58 戊午
68 丁巳

元神戊土，生於仲冬，水凍土寒，嚴冬以調候爲急，故云：火重重而不厭，雖然坐下寅中藏有丙火，然子平眞詮云：「地支所藏之干，本靜以待用，透出干頭，則顯其用矣。」原局不見丙火明現，命盤呈現土水寒滯，木旺成林之象。氣象篇對於此種因調候不良，則有過於清冷，思有淒涼之說。然對於元神虛不受剋之狀況，皆因日元虛弱又受官殺之剋，所以此生受感情之磨難，似成定局，雖然年柱戊戌幫身，但月干甲木通根於日時兩支，隔絕了年干戊土之助，戊土呈現若有似無之狀，加以原局印星不現，亦代表著一生難得貴人之助，祇有獨自承受。總之，日主弱，官殺混雜，又不見制化之神，雖然官坐桃花福祿誇，但總是個陷阱，還需審視桃花之星，是否爲命局需要的喜用神而定。

二十二歲之前，大運一片水運益增其寒，家境貧困，於十八歲乙卯年，歲臨官星且爲桃花，故當年結婚，二十三歲庚申年洩身，元神剋洩交集，並沖動夫宮，當年夫亡，二十四歲辛酉流年，卯酉之沖，歲沖桃花，再婚。然夫婿粗魯，本命常受其暴力對待，二十七歲甲子流年，財星扶煞，身更弱不堪受虐，再度離婚，往後二十年運走西方食傷之運，婚姻亦難成事。書云：「女命難婚乃運入背夫之運。」

影響本命的命理因素：

一、對於身弱殺旺無制化之命，就如明通賦所云：「七殺多根，須忌始終剋害。」

二、官殺混雜之人，往往識人器淺，好壞不分，故常犯小人。

三、結婚之年，都是忌神之流年，更象徵著婚姻不美之兆，此乃近賢韋千里在論流年看法上說的流年干支，利於用神者爲善，不利於用神則爲惡。

例二：女命

七殺	乙丑	比肩	1 丙戌
			11 丁亥
七殺	乙酉	食神	21 戊子
	沖		31 己丑
元神	己卯	七殺	41 庚寅
	合		51 辛卯
正官	甲戌	劫財	61 壬辰

元神爲己土，生於仲秋，正是金神秉令之際，己土氣寒而洩，加以天干甲乙官殺拘身，原局呈現剋洩交集，又不見丙火正印透干化殺扶身，命盤不宜之處，僅能靠行運補之。用神取時支戌

中的丁火爲用，行運喜火土忌水木，八字病重藥輕，辛苦之命。十五歲之前，行火土之運，生活平順，唯九歲癸酉年，日柱返吟，父親病故，家計全靠母親維持，十七歲辛巳年，歲運天剋地沖，被鄰居、朋友載往偏僻處失身。本身雖有合官之象，然七殺猖狂緊剋日主，呈現的是官來就我，官星乃命造的忌神，忌神來合我，則終身爲名所累，爲情所苦，不可視爲合官留殺主威權的說法。

例三：男命（本命盤的資料取自前輩陳柏瑜先生在其《四柱八字闡微與實務》一書中提供日本最大的藥局連鎖店——關口先生的八字）

傷官	乙丑	正官	2 戊寅
			12 丁丑
正官	己卯	傷官	22 丙子
			32 乙亥
元神	壬辰	七殺	42 甲戌
			52 癸酉
偏印	庚子	劫財	62 壬申

元神爲壬水，生於仲春，木神當旺，洩弱壬水之氣，最喜時干庚金發水之源。今觀其命，時

干庚金高透生扶元神，然而年月兩柱，木土交戰，仍屬剋洩太過，元神失時失勢，故以身弱論之，行運喜金水，忌木火，因印星貼身透干，而不忌官殺混雜。但官印不相連，先剋後生，先受其害，再蒙其利。

十六歲之前忌神之運，身體不佳，十七至二十一歲丑運生助庚金，印星得用，於二十一歲乙酉年，與原命乙庚合，辰酉合，干支俱合為喜神，畢業於藥專，並取得藥劑師執照。

二十二至二十六歲丙運：偏財臨運，身弱本不堪任財，但化解了原命傷官遇官之局，破財消災，遂於二十四歲丁亥年開設藥局。

二十七至三十一歲：子運幫扶日元，事業穩定成長。

三十二至四十一歲：乙亥大運，一片金水幫扶，事業蒸蒸日上，開設三家分店。三十四歲戊戌年，日柱返吟，且在乙木傷官大運之際，剋犯正官，命盤已呈現傷官剋官，男命以官為子，故該年損失一子。

四十二至五十一歲：甲戌大運，甲己合而不化，正官絆合，無以生助用神庚金，此運一籌莫展，入不敷出，關掉兩間分店，所幸用神不傷，尚能撐過。

五十二至七十六歲：大運為癸酉、壬申，喜用齊來，一片金水助身，從醫藥擴展到化妝品的領域，一路扶搖直上，擴大規模，成為日本最大的藥局。

影響本命的命理因素：

一、原命在六親的關係中，呈現傷官遇官禍患百端，危機早已暗伏，當大運再呈現傷官剋官之時，官星不勝剋伐，才有喪子之痛。

二、妻宮七殺代表配偶個性好勝，但與時支子水半合，呈現了先賢所謂的合殺留官，增添了貴氣，本例與前例的合官留煞，讀者可相比較，差異性甚大。

三、最主要的是悠悠二十五載金水之運生助用神，雖是官殺混雜，見印化之則不忌，且印星貼身，護衛有情。祇要行運配合，亦能富貴逼人，俗謂「命好不如運好」。

例四：女命

正官　戊子　比肩
正官　戊午　偏財
元神　癸酉　偏印　桃花
七殺　己未　七殺

4 丁巳
14 丙辰
24 乙卯
34 甲寅
44 癸丑
54 壬子
64 辛亥

元神爲癸水，生於仲夏，火神秉令，加以八字火土重重，熬乾癸水，年支子水，逢干上戊土剋合，若有似無，僅存日支酉金生扶，卻又逢午火近剋，用神不眞，有志難伸之命。身弱喜金水，忌火土。全盤官殺混雜拘身，不見明印通關化解，原局成爲有病無藥，感情受困，遇人不淑之命也，觀其行運，十八歲之前火旺土燥，崖高水淺，家境貧困，甚不如意。辰運己酉年二十二歲之時，歲運合爲喜神時結婚，由於命主官殺強旺，生性易怒，加上夫婿嗜酒，故婚後經常吵鬧，於二十二歲至三十一歲大運在卯，沖動夫妻宮，且流年戊午年，財官逞兇，在暴力的傷害下，訴請離婚。三十四歲以後大運甲寅傷官之運，傷官遇官，元神剋洩愈重，對於社會充滿著怨恨，更對男性充滿著鄙視，開始混跡風塵，所謂傷官遇官，禍患百端，此運是非不斷，扯入別人的家庭，被告以妨害家庭官司風波。四十四至五十三歲癸丑大運，戊癸合化火，癸水無功，且與時柱事業宮天剋地沖，激怒旺神，工作不順常犯小人。

例五：男命（取自《子平真詮評註》何參政命例）

偏財　丙寅　食神　　己亥

　　　　　　　　　　庚子

七殺　戊戌　七殺　　辛丑

　　　　　　　　　　壬寅

元神　壬戌　七殺　　癸卯

甲辰

正印　辛丑　正官　　乙巳

元神壬水，生於秋季，戊土司令，八字火土重重，呈現崖高水淺之象，日主弱而煞重，以時上辛金正印化煞爲用，妙在丙財生煞而不剋印，財印兩不相礙，爲煞印相生有情之造，更喜見到大運一路金水順用神之運，仕途平順無波。巫咸撮要說：「官殺混雜，爲人好色多淫，做事小巧寒賤。」但本例雖有官殺混雜之局，然而正印緊臨日主，卻呈現了衆煞猖狂一仁可化的局面，再配合行運的優勢，故能平步青雲。原命的缺憾由於行運的配合，反而受惠。所以命與運宜其合參，才不會有所失誤。

例六：男命

七殺　甲子　正財　　3 庚午

13 辛未

劫財　己巳　偏印　　23 壬申

33 癸酉

元神　戊申　食神　　43 甲戌

53 乙亥

正官　乙卯　正官　　63 丙子

戊土生於初夏，火旺土燥，年月甲己合化逢時，則土愈厚，故喜木疏劈，又喜水來潤土養木，故行運喜水木忌火土。身強喜財官，原局合煞留官，格局轉清，地支申子半合水局，親近日主是爲有情，全局轉爲靈機生發，所以人品信實，負責有爲，妻賢子孝，職業由教師，教育行政，合作社主管，到漁會主管，生活富裕。

影響本命的命理因素：

一、元理賦云：「去殺留官，當論貴；去官留殺，主威權。」所以能歷任各單位之主管。

二、日時二支卯申暗合，故職場多變。

三、喜神子水潤土有功，喜神列於祖先柱，所以有繼承祖產之福。

四、妻宮申金合來子水，且妻星正財爲喜神，故妻賢有助。

五、正官爲用神又立於子女柱，得地得位，因此四位子女優秀出眾。正官又主名聲，所以一生名大於利。

第二節 傷官遇官

在十神的看法上，正官是剋我之神，代表著一種自我的克制，日主強則鍛鍊成材，日主弱則有始終受害，鬱悶難伸之志。在男命身上，正官象徵著事業、名望和子息，女命則象徵著職業、貴氣和夫婿。傷官則爲我洩之神，代表著才華、思想的展現，日主強，經得起付出，則出手有力，轉化有功；日主弱，則會洩之無力，更形見絀，終致虛耗無功。在命學上，傷官喜見財，不喜見官。蓋傷官具有一種聰明放蕩的特性與正官的保守拘謹的特性是迥然不同的，所以傷官之名，似乎是有破害正官之意，在傳統的封建社會中，對於傷官這種叛逆且勇於突破傳統的特色，似乎是少予讚美的，故有傷官不爲福之說。

「傷官遇官，爲禍百端」，大都指向日主衰弱之人，因爲日主衰弱之人，一般多喜印比扶身，如果官星強旺，行運逢傷官之運，則成了剋洩交加，使日主無所依靠所以有禍。除非原局有印綬順化官星之頑，使官星不來剋我，反而生助印星來扶身而成官印相生之局，這是可以論貴的。就如《滴天髓》所云：「傷官見官果難辨，可見不可見。」什麼情況之下可以見呢？今整理如後：

一、身弱而傷官多，見印星緊臨日主者，由於印有制伏傷官之力，如果運逢官星，則官生印，印扶身，反可生扶日主，此爲傷官配印的另一種說法，這種在命局之中，因官星的作用輾轉生育有情，是可以取貴的。

二、身強有傷官又見財者，由於財星的通關作用，運逢官星不一定有禍，須視原局身強、身弱而定。

三、應調候之需要，例如金寒水冷之局，以調候爲急，則喜見官星來溫金暖水，使其秀氣發越，否則金清水冷，毫無生機可言，但也不能身太弱。

不可見的情況有下列幾點：

一、身強而傷官、正官同柱或相鄰，而呈現剋洩之狀，則此命難免一生波折不斷，在是非中度過，並非命主之福。

二、身弱有傷官雖見財星宣洩，然原局不見印者，又從之不過，就以一般格局論之。對於身弱喜印比扶身而不見卯者，若運逢官星來剋我日主，使元神更無助，則不可見官。

例一：男命

偏印　己酉　比肩　　10 庚午
　　　　　　　　　　20 己巳

比肩　辛未　偏印　財庫　30戊辰
　　　　　　　　　　　　40丁卯
元神　辛亥　傷官　　　　50丙寅
　　　　　　　　　　　　60乙丑
食神　癸巳　正官　　　　70甲子

元神為辛金，生於季夏，己土乘權，年月兩柱土金相生，元神不弱，最喜壬水淘洗，行運喜水木，忌火土惜乎時支巳亥沖，亥中壬甲沖出，喜用盡損，命局已破，有病先治病，行運最喜地支逢寅卯之運以解巳亥之沖，觀其大運二十至三十九歲一路火土之運，戊己土剋合時干用神癸水，五行閉塞，有志難伸，至三十八歲丙戌年，已債台高築，也難怪命主直呼：「我好累，我眞的好累，負債累累，何時才能喘口氣？」二十年可以養出一條漢子，當然二十年的煎熬，識命者豈不唏嘘。所幸四十五歲以後運轉東方，亥卯未三合木局，重病得藥，妻財可得，屆時必有一番美景。

影響本命的命理因素：

一、夫妻宮亥水藏有甲木正財，巳亥之沖，財星沖出，妻緣不佳，錢財不易留。

二、月令未土為木之庫，對原命來說，是為財庫，所謂妻星入墓，定無早娶之人，加以行運逆用神，故至今三十九歲，不僅負債累累，且孑然一身，實乃造化弄人也。

三、接下戊子，己丑流年剋合用神，操心不順，此是黎明前的黑暗，四十二歲庚寅年後，即可漸入佳境，勞而有得。

例二：男命

正官	癸卯	正印		6 戊午
				16 丁巳
傷官	己未	傷官		26 丙辰
				36 乙卯
元神	丙寅	偏印		46 甲寅
				56 癸丑
比肩	丙申	偏財	驛馬	66 壬子

元神爲丙火，生於六月，火炎土燥，加以地支卯未半合木來生助丙火，則土愈燥矣！五行貴在流通，行運喜金忌木火土，唯偏財申金落於時支且與日支寅沖，若有似無，年月干上傷官遇官，不見財來通關，結構錯置，故平生是非多，風波不斷。觀其大運一片木火之運，忌神輾轉攻，土愈燥則脾氣急躁易怒，從年輕就結交了一些酒肉朋友，雖從事水電行業，但工作時有時

無，三十七歲己卯年，因案犯刑，現仍在服刑之中，預計明年戊子年，刑滿出獄。

影響本命的命理因素：

一、傷官格者身又強，雖有經天緯地之才，凌駕風雲之志，惜勇於謀己，行爲工巧，思想刁詐，只求目的，不擇手段，善於利用時機，以完成其目的，正所謂治世之能臣，亂世之奸雄。但祇要行運得宜，亦能異路功名。

二、傷官旺需要有財配合，方能發福，命中若無財亦須歲運配合。古歌云：「傷官傷盡最爲奇。」又云：「傷官遇官禍百端。」也就是以不見官星爲妙。本命官傷並見，又不見財星緊鄰相生，全局喜用金水全逢沖剋，加以行運逆用神，成爲有病無藥之命，所以一生是非不斷。

三、火炎土燥，調候不良之命，一生精神閉塞，脾氣大。蓋亢燥不生物，娶妻亦困難，唯有修身養性，或飲食上的調理，方能有改變。

例三：男命

偏財	乙亥	傷官	
劫財	庚辰	正印	
元神	辛未	偏印	財庫
傷官	壬辰	正印	

7	己卯
17	戊寅
27	丁丑
37	丙子
47	乙亥
57	甲戌
67	癸酉

元神爲金，生於季春，月垣正印秉令，地支三土生扶元神，喜見天干庚壬並見，辛金則愈顯其靈秀之性，妙在本命戊己不透，因爲透則有埋金塞壬之憾，格局將轉爲貧賤矣！因此平生剛毅不屈，重義輕財，能言善道，敢怒敢言，文筆犀利。原局雖有靈秀之美，然細看日元坐下未土，丁火餘氣深藏，謂之傷之不盡。《子平眞詮》有云：「地支所藏之干，本靜以待用，透出干頭，則顯其用矣。」所以只要待大運、流年逢丙丁之運，難免會有是非恩怨，此乃危機暗藏。因此本命在三十七至四十一歲大運爲丙火正官之運，通根於原命未中的丁火，與原命呈現傷官遇官之兆，在三十八歲壬子流年，歲運傷官遇官，以叛亂罪被判刑十年。四十七歲以後轉行東北大運，筆上耕耘，成就非凡。

影響本命的命理因素：

一、身旺有傷官又見財者，由於財星的通關作用，運逢官星就不一定有禍，本命偏財雖透干，但乙庚之合，財非其財，因合而失去作用。所以傷官無財就不可見官。

二、本命妻星入庫，早婚不利，感情波折多，四十六歲庚申年，命、運、歲申子辰三合桃花結婚，身強逢劫財之年完婚，即已暗藏危機，五月結婚，八月就離婚了。

三、原局土金水一路順生，《滴天髓》體用精神篇云：「何處起根源，流到何方住，機括此中求，知來亦知去。」本命起於印星而終於傷官，傷官為源頭流住之地，即如山川結穴之所，穴為用神之地，故文采風華，孤傲之性，全國皆知。

例四：女命

傷官	甲申	正印		9 丁卯
				19 丙寅
正官	戊辰	正官		29 乙丑
				39 甲子
元神	癸亥	劫財		49 癸亥
				59 壬戌
劫財	壬子	比肩	桃花	69 辛酉

書云：「月逢正官號眞官，不犯刑傷祿最寬，日主興隆名利顯，運逢財印步金鑾。」相心賦又說：「官星愷悌，貴氣軒昂，抱優渥而仁慈寬大，懷豁達而聲韻和揚，豐姿美而秀麗，性格敏而聰明。」學習八字千萬莫爲格局所惑，還須多多理會地支的會合刑沖以及十神的運用，就以此例來說明吧！

元神爲癸水，生於立夏前六天，土旺秉令，透干於月上，然地支申子辰三合水局，水多土蕩，並滋扶年上之甲木剋盡戊土，全盤官星盡損，原局呈現水多土蕩，混濁之命，天干不見丙火通關，呈現傷官遇官禍百端的徵兆。有病無藥，平生備極辛酸，二十八歲之前一片木火陽和之氣，丙丁通關之神臨運，重病得藥尚稱順利，二十八歲辛亥年，歲運相合，當年結婚，二十九歲壬子年生一女兒，三十二歲乙卯年官星受剋，離家。三十八歲辛酉年，洩了原命官星辰土之氣，夫婿身亡。三十九歲以後大運爲甲木傷官，四十歲癸亥年，流年戊癸合官，再婚，四十五歲戊辰年再度離婚，五十二歲大運在癸，流年乙亥，一片春水趨東，所謂江水漫漫性荒唐，再度與人同居，是性使然耶或造化弄人？

影響本命的命理因素：

一、本命身強喜剋洩，然月令正官之力大於傷官，官傷不能並用，行運還喜火土，命盤用神既以官星爲用，則官星必不可傷，原命官星被傷，又無救應之神，平生註定要爲夫婿傷神恐難避免了。

二、申子辰三合外桃花，故平生多情暗惹桃花，且水多無土止流，有氾濫成災之象，但最後難免有財空人亦空的境遇。

三、本命比劫重重，官星無力護財，父緣薄弱，於十一歲甲午流年，天干傷官遇官，地支子午沖，衰神沖旺旺神發，群比爭財，父親病故。

例五：男命

傷官	癸亥	食神	劫煞	2 壬戌
				12 辛酉
傷官	癸亥	食神	劫煞	22 庚申
				32 乙未
元神	庚寅	偏財		42 戊午
正官	丁丑	正印		52 丁巳

元神為庚金，生於十月，壬水秉令，年月皆水，庚金氣洩而寒，取丁火鍛鍊庚金，取丙火調

候方能解寒，今以時干丁火根於日支寅木，鍛鍊庚金，唯元神虛弱，行運喜土金幫身，忌水木。觀其大運，七歲起一片土金幫身，生活不錯，工專畢業後，職場順利，於未運期間四十一歲癸卯年，命運歲亥卯未三合財局，身弱不堪任財且動剋用神丑土，該年適逢嘉義大地震，禍從天降，其所經營的商品——化學原料起火，發生火災波及鄰居店舖，爾後鄰居要求賠償，官司上至最高法院，幸由保險公司出面調停了結。戊運後事業從頭做起，辛苦中財運尚佳。

影響本命之命理因素：

一、日支寅木劫煞在亥，亥為忌神更加重劫煞之兇，「劫」者乃自外奪之意，古歌云：「劫煞為災不可擋。」通常是指因不可意測的災禍而損失。

二、八字不見丙火調候，寒氣未除，故有人情事故總嫌清冷無情之境。

三、身弱而傷官遇官，平生易有是非，原局若見印星透干，就有制傷護官之功。惜乎命局不現。故逢傷官之流年，仍有事端，宜於防範。

第三節 傷官傷盡

「傷官」之名，依文解字，就是傷害正官。正官在星性中，對於性情的論述上，若論其優點，則知禮守法，光明磊落，在六親的看法上，女命以正官爲夫婿，男命以正官爲子女；在事業的看法上，正官亦是一顆尊貴之星，又名「官祿」，具有組織及管理之能力，然而傷官的星性卻與正官之性背道而馳，故又名「背祿」。傷官在性情上，具有放蕩不羈，傲慢敢言，在事業上深具創意，機敏權變，不墨守成規，勇於孤注一擲，欠缺思慮，具投機精神又勇於創新，與正官之星迥然不同。所以前輩萬育吾，針對其性，才有傷官格務必傷盡，方做貴看的說法。也就是從八字中，若月令爲傷官且其他干支多見到傷官，或合爲傷官，不見沖破且不見一點官星，就謂之「傷官傷盡」。若八字已見傷官，而官星亦現，就謂之傷之不盡，歲運再見官星，必主災咎，所以經云：「傷官見官，禍患百端。」讀者應知傷官乃日主所生，爲元神之菁華，本就代表著才華與付出，若八字不見財星來引通轉爲報酬，那麼傷官之意只不過是聰明機巧，虛名虛利而已，故有傷官雖巧，無財必貧之語。因此傷官傷盡，充其量不過是避免禍端爲第一要務，至於是否清貴，大體上還得視其身強或是身弱，是否見財還是見印，來定其富貴，其看法大致如下：

一、日干強：傷官格，如八字印多生身而日元較弱，喜見財星引通傷官之性進而去印，則可享悠游之福，若是財星明現有根，則可見官。若是八字財官不見，大抵皆是有志難伸之輩，男命剋子，女命剋夫，六親無情，一生飄盪。

二、日干弱：原局傷官、正官併見，若是印星緊鄰日主並制伏傷官，若逢官殺之運，因有印來制傷護官，就不為凶了，如原局不見印，而見官傷併立則成傷官遇官禍患百端之凶兆。一生不免是非、病痛不請自來。

三、日干弱：原局呈現日干弱喜幫扶，雖有印來生助元神而不見比劫。如果歲運逢財，則成貪財壞印之狀，全盤成為傷官生財，財剋印，用神受傷卻不見原局有救應之神，那麼因財惹禍，官司纏訟或因妻致禍之事，就難避免了。

例一：男命

劫財	丁未	傷官	丙午
			乙巳
劫財	丁未	傷官	甲辰
			癸卯

元神　丙午　劫財　壬寅

　　　　　　　　　辛丑

偏印　甲午　劫財

丙火生於季夏，火炎土燥，加以原局木火助身則土愈燥矣，原局又不見一點財官之氣，經云：「傷官無財可倚，雖巧必貧。」本命雖然爲傷官傷盡，奈四柱火氣太旺，加以運行東南木火之鄉，毫無一點財氣，此乃旺而無依，辛苦之命，所以千萬不可見到傷官傷盡之命就認爲是一種好命，觀人之命尚須命與運合參方能正確。

例二：男命

劫財　戊辰　劫財　辛酉

　　　　　　　　　壬戌

傷官　庚申　傷官　癸亥

　　　　　　　　　甲子

元神　己酉　食神　乙丑

　　　　　　　　　丙寅

偏財　癸酉　食神　丁卯

元神爲己土，生於申月，時干癸水透出又逢金來生之，益增其旺。元神己土雖通根於申辰及年干戊土之助，仍力弱不能勝其傷官盜洩，故行運喜火土幫扶，忌金水木。但觀其大運一路走來由西轉北向東，全爲金水木逆用神之運，所以產業耗盡，家事無成，實乃運之使然也。

例三：男命

		正官
偏印	辛巳	正財
偏印	辛卯	食神
元神	癸丑	七殺
食神	乙卯	食神

5	15	25	35	45	55	65	75
庚寅	己丑	戊子	丁亥	丙戌	乙酉	甲申	癸未

二月癸水，乙木司令，時柱又逢乙卯，食神旺而洩弱元神，不能不佩印，喜見年月辛金偏印

通根於丑土金庫以制伏乙木，並發水之源，原局不見丁火財星明現制辛，用神無損，故科甲富貴無疑，行運喜土金水，忌木火。命主章士釗早運一片土金之運，年輕時辛印護官，形成官印相生，故能遊學日本，後又赴英國求學，曾任上海民主報主筆，民國成立後，就職浙江教育司長，四十四歲甲子年，歲、運、命三會水來助身，在段棋瑞政府中擔任司法總長和教育總長，四十六歲丙寅年，大運在丙，絆合用神辛金，當時段氏失敗，先生亦隨之退隱後擔任東北大學文學院主任。戌運在上海擔任律師，並任法學政學院院長，乙運辛金回剋無妨，酉運巳、酉、丑三合金局擔任政界之幕僚客卿，甲申大運，不逆用神，所作皆宜，甚受高層重視。未運，丑未之沖，用神之根癸辛盡出，喜用受損，加上年事已高，病逝。

編者按：身弱食傷透出而見印，以印爲用神者，行運見官殺之運，因原局印星有制食護官之功能，就不會有傷官遇官禍百端之禍。讀者宜細辨之。

例四：男命

劫財	丙申	正財	乙亥
			庚子
傷官	戊戌	傷官	辛丑
			壬寅
元神	丁卯	偏印	癸卯
			甲辰
偏印	乙巳	劫財	乙巳

元神丁火，生於季秋，時序較寒，然原局卯戌合化火透於年上，時柱乙巳，木火幫扶日元，元神弱中轉旺，可以論身強，所謂傷官格日干強，則取財星引通傷官之氣為用，今見大運庚子，辛丑，財星臨運，故祖業甚豐，發財無數，行至寅運，寅申沖，沖動用神，因以謝世。

編者按：通常喜用若為財星，財星逢沖，發生的現象一般是指破財或病痛或尊長之憂。

第四節 貪財壞印

我剋者爲財，意即由我控制支配之意，所以若配合六親關係，財星又可比喻爲妻子、奴僕。財又爲養命之源，象徵著財富、資產以及人的身體狀況，所以用財者必須身強，身強方能任財，譬如我們在體能健旺之時，方能享受金錢以及妻妾之福，否則以一孱弱之身焉能享受人間福分。繼善篇云：「一世安然，乃財命有氣。」

生我者爲印綬，印綬不論偏印或正印，其看法則大致相同，同樣爲生我、育我之神，以之配合人倫則爲母親及護我之師尊、長輩。所以印爲生身之本，象徵著愛心、智慧、慈悲，以及逢凶化吉等等。一般用印者，大多爲身弱，因身弱則喜幫扶。然而對於取用神，在江湖上有一首用神不可傷的歌訣：「用之爲官不可傷，不用官星儘可傷。用之財星不可劫，不用財星儘可劫。用之印綬不可壞，不用印綬儘可壞……。」這種「用之印綬不可壞」的說法，指的是若逢原局或歲運見財星來破印，在星命的術語上叫做「貪財壞印」。遇到這種狀況，通常會有因妻致禍或因財惹禍或因病喪命的情形。金玉賦云：「印綬被傷，失祖業拋離故里。」

貪財壞印主是針對身弱者而言，其狀況有下列幾種：

一、原命因官殺多，剋之太甚而身弱者，大多取印綬化官殺之威以生身爲用，或原局因食傷多，洩氣太重而身弱者，大多取印星制伏食傷並生身爲用。這種身弱喜印綬生扶者，若見財來剋印，則用神受損，就成了貪財壞印之局。

二、原局財星疊疊，身弱見印，應以比劫幫身分財爲用。若原局不見比劫，僅見弱印，又格局從之不過，而以一般格局論之者，行運遇印運，反而激怒財星，即所謂的衰神沖旺旺神發。那麼不破財亦必傷身。

三、原命印多且強，比劫疊疊，母子同心成爲從強格者，行運宜走印比之運，如歲運行到財星之運，逆母之性則災咎難逃。

例一：女命

七殺　丁亥　傷官

傷官　壬子　食神　桃花

元神　辛未　偏印

7 癸丑
17 甲寅
27 乙卯
37 丙辰
47 丁巳
57 戊午

比肩　辛卯　偏財

元神爲辛金，生於仲冬，金寒水冷，喜坐下未土偏印，止水生金，奈地支亥卯未三合木局，調候的年干丁火和未土分別被他神合去，生機盡滅，僅能靠時干辛金幫身，然自坐絕地，幫身無力。綜觀全盤，忌神黨多，喜用無力，印星他合，貪財壞印者，必因財惹禍，爲財煩憂。本命身弱喜土金忌水木火。觀其行運，三十六歲之前，一片水木逆用神之運，小學畢業後到工廠做女工，後轉入茶室，從事於服務清潔到最後親自下海，只因染上賭博惡習終至入不敷出，丙運合住唯一用神辛金，丙辛合化水於冬月，喜神化爲忌神，全局轉寒，也因本身年華已去，遂淪於阻街女郎，從此是非不斷，丁運、丁壬之合，寒氣愈甚，雖已年屆五十歲，尚未能脫離命運的鎖鏈，淪入流鶯的窘境，一個命差運舛的命運，不禁讓知命者感嘆造化弄人。

影響本命之命理因素：

一、八字干合支合，大都爲人貌美。而美女大都心慕財郎。

原命金清水冷，調候不良者，大抵精神上皆難以完美，《三命通會》云：「金清水冷，日鎖鸞台，土燥火炎，夜寒鴛帳，群陰群陽清燈自守。」

二、身弱而印逢財合，因財惹禍，祇因賭博惡習而至賣身還債，愈陷愈深終至無法自拔。書云：「貪財壞印君須記，蝸角蠅頭枉用心。」誠屬佳言，不可不慎。

例二：男命

七殺	乙巳	正印		3 丁亥
劫財	戊子	偏財	桃花	13 丙戌
元神	己亥	正財		23 乙酉
比肩	己巳	正印	驛馬	33 甲申
				43 癸未
				53 壬午

己土卑濕，生於仲冬，濕泥寒凍，不見丙火太陽就有毫無生機之意，原局不見丙火透干，年時二支巳火逢亥子二水近剋，若有似無，戊己虛露，幫之無力，全局必須見火，己土才有暖氣而不孤寒，最恨巳亥之沖，貪財壞印，平生則易因財惹禍。三十一歲乙亥年大運在酉，沖動時柱己巳，火土盡去，當年集資參與朋友之買賣業而付之流水，隔年丙子轉入傳播界工作，工作尚稱穩定，三十五歲己卯年，亥卯半合，解夫妻宮巳亥之沖，赴大陸時認識一名女子，於庚辰年結婚，乙酉年妻子返回大陸發展，從此聚少離多，這些年的積蓄多花費於幫助妻子身上，卻無法享受嬌

妻之福。此乃財壞印，爲妻煩憂的例子。

影響本命的命理因素：

一、調候不良者，精神難以全美，妻宮正財爲忌神又穩坐夫妻宮，則有爲妻所苦之事，且夫妻宮逢沖，宮星不穩，夫妻有分離之兆。

二、貪財壞印之局係指原命中，同時見到財印二星相鄰緊剋，才可以稱之，就如本命盤的日時二支巳亥相沖。雖然碧淵賦有云：「財星破印，宜逢比劫之鄉。」但本造地支不見比劫，財星無制，所以印星受傷而禍重。

例三：男命

偏財	癸巳	正印
正官	甲子	偏財
元神	己酉	食神
七殺	乙亥	正財

7	癸亥
17	壬戌
27	辛酉
37	庚甲
47	己未
57	戊午

仲冬己土，水冷土寒，八字水木黨盛，剋害元神太過，僅年支巳火幫扶日元，但癸水通根月令淹逆巳火，用神受傷，此爲貪財壞印之局，平生易因財惹禍。行運喜火土忌金水木。觀其大運一路西北之運，益增寒氣，所以流盪江湖，三十八歲大運在庚，洩弱己土，元神更弱，流年庚午，沖動月柱，衰神沖旺，旺神發，此年激怒忌神偏財，午火印星受損，正是貪財壞印之年，因賭場恩怨，遭人舉發擁槍自重而犯刑。

影響本命的命理因素：

一、身弱喜印而印被財破，相心賦云：「印綬主多智慧，豐身自在心慈。」引申爲印被財破，學程受阻，通常學歷不高，不愛讀書，毫無文人氣息。

二、本命財煞黨多，喜用無力，身弱不堪任財。行財運則財滋殺，殺攻身，易因財惹禍，故平生不宜大宗南北，否則覆水難收，因財惹禍上身。

例四：男命

正印	戊辰	正印	丙辰
			丁巳
偏財	乙卯	偏財	戊午
			己未
元神	辛丑	偏印	庚申
			辛酉
七殺	丁酉	比肩	壬戌

二月辛金，時値休囚，然坐下丑土生之，並歸祿於時支，元神不算太弱，然月上偏財當旺，生助七殺丁火，且阻絕年上正印，元神剋之無力，身弱喜幫扶，行運喜比劫來制伏財星，早運一片火土，碌碌風塵，至不得志，一交庚申、辛酉，比劫得地，剋去偏財乙卯以存印生身，二十年來建立軍功，官運亨通，豈非運所使然。

影響本命的命理因素：

一、財星壞印之局，若原命不見比肩幫身奪財，縱然大運行扶身之印運，如本例的己未大運，反而會激怒旺神財星。

二、喜用在年上的戊土正印逢剋，所以出身微寒，書香不繼，幸日時二支酉丑半合爲喜用，破中有成，所以祇待時來運轉，也有成就的一天。

例五：男命

正財	丙寅	傷官	1 辛卯
			11 壬辰
正印	庚寅	傷官	21 癸巳
			31 甲午
元神	癸巳	正財	41 乙未
食神	乙卯	食神	51 丙申

正月癸水，氣勢休囚，喜丙火照暖，喜金發水之源，兩樣並見名曰「陰陽和合」，萬物發生。

今觀八字身弱喜滋扶，但年上丙火通根月令，其勢甚強，卻緊剋用神庚金，印星受剋，此乃貪財壞印之局，原命雖喜財印，但財印不宜同柱或是相鄰近剋，此乃原局地位之適宜是否恰當，爲觀看之重點。本命出身貧家，二十五歲之前大運比劫助身，尙能自立謀生，一交巳運，火旺水絕，流年甲午，水勢愈弱，因病失明，最後屈守神殿，充當廟公。

影響本命的命理因素：

一、財爲養命之源，但身弱財多則以財爲病。印爲扶身之本，印有官扶，則官印相生命顯榮，一般多成貴格。本命印逢財剋不見官殺通關。書云：「禍更禍兮用神受剋，災病交纏。」

二、以財爲忌神者，大都因財惹禍，或是爲身體病災所苦。

第五節 三刑逢沖

論命的方式，不外乎是運用天干的生剋制化和地支的會合刑沖，所以干支之理，宜明而辨之，雖然《滴天髓》有云：「天戰猶自可，地戰急如火。」又說：「支神只以沖爲重，刑與穿兮動不動。」其實還是要回歸到天干地支的本質。

「天干」如樹之幹乃露而明，「地支」如樹之根乃隱而實，故天干要有力，必須通根於地支；而地支中的人元又須透出天干才能顯其功能，就如《子平眞詮》所云：「地支所藏之干，本靜以待用，透出干頭，則顯其用矣，故干以通根爲美，支以透出爲貴。」以此觀之，支動則根損，根損，樹則傷矣，然而吉凶悔咎在乎動，動則產生變化。地支因這個會合刑沖的作用，就促成了地支與地支間關係的改變，而引起了複雜的變化，也因這個改變而影響了天干的根基，學習命理者不可不察，今就以三刑逢沖之說，來做個探討。

刑者，如兩軍對峙，勝負未明，一觸即發。不若沖者之凶；沖者，如兩軍相戰，損傷難免，勝負立見，然而兩神相刑，若再逢一多事者攪和，就構成了所謂的三刑逢沖，明通賦云：「三刑逢沖橫禍生。」氣象篇又云：「三刑得用，威震三邊。」

其實三刑生於三合，三刑構成的由來，是申子辰水局加於寅卯辰三會木，寅午戌火局加於巳午未三會火，巳酉丑金局加於申酉戌三會金，亥卯未木局加於亥子丑三會水。以上所述，經整理如左：

局		方	
木局	亥卯未	亥子丑	北方
火局	寅午戌	巳午未	南方
金局	巳酉丑	申酉戌	西方
水局	申子辰	寅卯辰	東方
橫對者為相刑 如亥亥自刑 寅 刑 巳 巳 刑 申 丑 刑 戌			

其中：子刑卯，卯刑子，爲無禮之刑。

寅刑巳，巳刑申，申刑寅，爲恃勢之刑。

丑刑戌，戌刑未，未刑丑，爲無恩之刑。

辰與辰、午與午、酉與酉、亥與亥則爲自刑。

陰符經在其下篇，強兵戰勝演術章提到：「恩生於害，害生於恩。」意即「恩」者，害之源；「害」者，恩之源。就好像人間事理，夫妻因相愛而反目，朋友失義而拼搏。又「刑」者，乃數之極也，亦即「十」也，如從子逆數到卯，寅逆數至巳……，戌逆數到丑之類。其數爲十，乃天道盈滿之戒，意即滿招損之意，滿則傾也。又「三刑」之說，是分別取四長生〈寅、申、巳、亥〉，或四仲〈子、午、卯、酉〉，或四庫〈辰、戌、丑、未〉，讓其各缺其一，使其歪而不正，使三者各自相推，互相激盪，故曰三刑。所以三刑之力不可不重視，在未論三刑之前，我們先將發生相刑之結果整理如下：

一、**恃勢之刑**：寅刑巳，巳刑申，申刑寅，因三者皆有長生、臨官，恃強之刑，故稱恃勢之刑。若四柱有此刑者，往往性情冷酷，常有遭人陷害或惡事發生，女子逢之易損孕。

二、**無禮之刑**：子刑卯，卯刑子，因為本是水木相生，有如母子，今竟相刑，故稱為無禮之刑。若有此刑者則有個性剛強，婦女逢之則有夫妻猜疑，翁姑不睦，也易有損孕之事。

三、**無恩之刑**：丑刑戌，戌刑未，未刑丑，因丑、戌、未本為土，今竟同類相刑，故稱為無恩之刑。若有此刑者，常有災殃橫禍之事，行車尤需注意，是最需要買意外險的人。

四、**自刑者**：午刑午，酉刑酉，亥刑亥為自刑，犯此刑者，做事易虎頭蛇尾，自尋煩惱。

總之，命帶刑者易操勞。如以六神來論，財星逢刑，平生易為錢憂愁。比劫逢刑，易為兄友所累。官星逢刑，易為工作職場所苦。若是女命，因為官星為夫婿，則易為感情所困。若以六親宮來論，則刑到父母宮憂長輩，刑到夫妻宮則夫婦觀念不一，刑入子女宮則憂子女。這是一個基本的看法，準確度頗高。

有了以上的概念，讀者當知刑本不吉，故有所謂的三刑逢沖橫禍生。然而鬼谷遺文說：「君子不刑定不發，若居世路多騰達，小人到此必為災，不然也被官鞭撻。」氣象篇則云：「三刑得用，威震三邊。」何謂得用？三刑有氣，日主剛強。何謂無用？三刑無氣，日主衰弱也。簡單的說就如前輩徐樂吾所說的「三刑得用」，是指三刑之物秉令，又恰好是命局的喜用五行。

所以三刑作用的吉凶，尚須視下列結果而定：

一、視流年、大運是否為喜用神來定吉凶。

二、須視其是否有他支來合，如見支中帶合，則三刑便不成立，災厄自可減輕許多。如金聲玉振賦云：「三刑失合，破相傷軀。」因為合不僅可以解沖，亦可以解刑。

三、三刑作用的產生，往往因太歲、大運和命局的互相激盪而產生。金玉賦云：「本主相沖，三刑重疊，歲運欺凌，必招橫事。」

例一：男命

正官	丁亥	食神		8 戊申
				18 丁未
正印	己酉	劫財	羊刃	28 丙午
				38 乙巳
元神	庚戌	偏印		48 甲辰
				58 癸卯
比肩	庚辰	偏印		

元神庚金，生於仲秋，陽刃秉令，命帶魁罡性剛強，且時值涼秋，寒威日重，丁火無木助之，反助月干己土埋金，權取亥水洩金之氣以流通，行運喜水木忌土。十八歲後丁火生土，印愈旺，身強何勞印生，此運行爲乖張，二十七歲大運在未，流年癸丑，此年不僅歲運天剋地沖，且歲運命之地支丑未戌三刑逢沖，殺人未遂犯官符。

例二：女命

正印	丙申	傷官	天乙貴人	10 辛卯
				20 庚寅
正財	壬辰	劫財		30 己丑

40戊子

元神　己巳　正印　50丁亥

60丙戌

正印　丙寅　正官　劫煞　驛馬　70乙酉

元神爲己土，生於立夏前三天，土旺用事，時支寅木，干透丙火，木從火勢，則丙火愈旺矣，己土逢丙火生扶，身強喜金水忌火土，本命年月時支爲申巳寅，命帶三刑，三者互相激盪的結果，造成了在結構上的不穩，故而平生坎坷，操心到老。

十九歲甲寅年，大運在卯，與命局寅卯辰三會官星，歲干甲木官星合入元神，奉子之命完婚，當年夫妻爭執不休，胎兒亦流產。

二十四歲己未年，大運在庚，乃女命傷官之運，這個運限與年柱丙申返吟，傷官遇官，禍患百端，尙能克制，己未流年，未爲木庫，夫星入墓，當年丈夫在意外中去世。

二十五歲庚申年，命運歲三刑逢沖，車禍住院，住院期間，認識了隔床之男病患，兩人同病相憐，進而相戀，並於次年再婚，二十八歲癸亥年，寅申巳亥齊至，且流年返吟日柱，在外偷情，被夫發現，怒而離婚。賦云：「返吟伏吟哭淋淋，不傷自己也傷人。」三十一歲丙寅年三度結婚，由於丈夫不務正業，經常暴力相向，故於三十四歲己巳年與日柱伏吟之年，再度離婚。三十五歲後，大運爲丑土，具晦火生金之功，與朋友合夥經營餐館生意，加以流年一片金水傷官生財，獲利亦佳。當邁入四十歲時大運轉入戊土劫財大運，且四十歲爲乙亥流年，日柱返吟，且沖動夫妻宮，該年被同居男友騙奪了積蓄，一時全化爲烏有，人財兩失。哀哉！四十三歲後子水臨運，申子辰三合財局，東山再起。五十歲後壬水財星逢合，用神絆合，仍屬乍雨乍晴春不定，花開花落而無情之象。

影響本命的命理因素：

一、命帶三刑本不安，寅木夫星不僅爲忌神又帶煞劫，所遇配偶多有執拗內狠，貪奪無情之性。

二、身強取食傷爲用之女命，若命局配合失當，例如本造官星助印，愈幫愈旺，更憑添元神之憂，此種命格大都承擔家計，爲夫所苦。

三、三刑作用的吉凶，如前所述，尙需視流年和大運的吉凶來論斷，本命行運喜金水，在二十八歲癸亥年和四十歲的乙亥年，皆因地支亥水與本命時支寅木六合而絆住用神，因爲寅爲正官，對女命來說，易因夫婿感情之事煩憂。

例三：男命

比肩　戊申　食神　　10戊午

　　　　　　　　　　20己未

正印　丁巳　偏印　30庚申

元神　戊寅　七殺　40辛酉

劫財　己未　劫財　50壬戌

　　　　　　　　　60癸亥

元神為戊土，生於初夏，丙戊得祿，正是火炎土燥之際，坐下寅木疏土無功，因木從火勢，益增其土燥，年支申金雖洩土之氣，唯燥土不生金，盤中不見壬癸為救，有病無藥孤貧之命。命帶三刑，業力深重，從退伍後就開始為家裡帶來災難，借錢做生意，花光了一生的積蓄，於三十七歲甲申年，開車撞到人。

影響本命的命理因素：

一、賦云：「八字無財，須求本分，越外若貪，必遭凶事。」原命七殺寅木，可類化為事業，木從火勢，喜神化為忌神，事業不順，祇宜就職上班，不宜投資創業。

二、三十七歲甲申年，日柱返吟，加以歲運皆在申，命中三刑已透露出險象，此種命、歲、運、寅巳申三刑逢沖，必有禍事發生。

例四：男命

傷官　己巳　比肩　　11 甲戌
　　　　沖　　　　　21 癸酉
正印　乙亥　七殺　　31 壬申
　　　　　　　　　　41 辛未
元神　丙戌　食神　　51 庚午
　　　　沖　　　　　61 己巳
七殺　壬辰　食神

十月丙火，太陽失令，八字土多水旺，剋洩元神太過，喜月干乙木制土扶身，惜乎巳亥之沖，乙木根拔，再看日時二支辰戌之沖，妻星辛金沖出，且戌中丁火亦損，日元根基盡損，危機暗藏，四十五歲大運在辛，剋去用神乙木，流年癸丑，丑戌刑入配偶宮且刑出妻星，其妻因子宮外孕大量出血而身亡，這種以土爲忌神者，再逢土來刑沖常有意外之災。

例五：女命

劫財　丙戌　傷官　　1 丁酉

傷官　戊戌　傷官

元神　丁巳　劫財

正印　甲辰　傷官

11 甲申　21 乙未　31 甲午　41 癸巳　51 壬辰

元神爲丁火生於季秋，丁火陰柔退氣，八字傷官黨盛洩去日元之精，最喜時干甲木自坐辰土生扶元神，可惜辰戌遙沖，辰中癸水夫星動搖呈現不穩跡象，二十八歲癸丑年，大運在未，原局與歲運辰戌丑未齊至，三刑逢沖，以計程車爲業的丈夫，因故被人圍毆致死，此爲傷官氣動，且該年癸丑之天干癸與戊六合，夫星他合，夫婿有事。

影響本命的命理因素：

一、本命傷官氣盛，雖見正印，但傷官旺而無財，始終剋害，婚姻則呈現不美之徵兆。

二、本命夫星癸水入庫於辰稱爲「官星入庫」，夫緣淺薄。

經云：「日下傷官持刃，夫必惡亡，用在本命有準。」

例六：男命

食神	乙巳	正財	7 乙酉
			17 甲申
正財	丙戌	正官	27 癸未
			37 壬午
元神	癸丑	七殺	47 辛巳
			57 庚辰
七殺	己未	七殺	67 己卯

九月癸水，戊土司權，滿盤火土，癸水失令無根，日主無依，棄命從殺，運喜火土，忌金水。俗謂：「三刑逢沖橫禍生。」然本造戌丑未三土相刑，刑出忌神，用神愈眞矣，所謂三刑得用，威震三邊，所以本命於高中畢業後甲子年，正逢傷官大運甲己合化爲用神，考取醫學院，辛未年畢業，壬申，癸酉逆用神之運，服預官兵役，退伍後即擔任醫師工作。三十歲甲戌年奉子完婚，三十六歲大運在未，喜用神之運，但流年庚辰年，洩了用神之氣，在一片大好之運中，因流年不佳，投資外幣損失慘重，中箭落馬，三十七歲至四十一歲壬水劫財逆用神之運，難免資金緊絀，運轉不順，在四十一歲乙酉年與命局巳酉丑三合金局，洩了用神之氣，在家不愼摔斷了兩根肋骨。四十五歲以後，財星臨運生助用神，在職位上必能有所精進，更上層樓。

第六節 從格的探討

對於一個研習命理者，大多數的人都知道在用神的取用方法中，普通格局是依五行的偏全輕重，以合乎中庸之道爲原則，取用神的重點，在求五行的平均和流通，而特別格局（從格）則異於常理，依其所專、所從、所化之性，順其勢，取其用神，以成其功，例如全局氣勢在木火，則取木火爲喜用，全局氣勢在水木，則取水木爲喜用。然而八字排列變化多端，對於從格的認定，諸如從強、從旺、從氣、從勢等眞從之格局，尙易辨別，但對於是否爲假從之格局，常常在從與不從間拿捏不定，困擾著讀者，本節即針對從格的部分提出一些必要的觀念。

《滴天髓》說：「陽干從氣不從勢，陰干從勢無情義。」

一、從氣：

意指日主臨於絕地，而所從之神（財、官殺）臨於長生祿旺之地，其氣通根。四柱不見印比幫扶，且天干透出所從之神，方能從之爲眞。否則四柱雖無生扶，亦無剋洩，日干孤獨而無損傷，亦難以眞從論之。經驗上對於日干爲陽干者，如日元爲甲丙戊庚壬者，很難論爲從格，除非其具備前述要件，其實眞從的條件是很嚴苛的。

例一：女命

				大運
正財	己未	正財	木庫	11 己未
				21 庚申
偏財	戊辰	偏財		31 辛酉
				41 壬戌
元神	甲辰	偏財		51 癸亥
偏財	戊辰	偏財		61 甲子

三月甲木，春深木老，月日時支爲辰，辰乃水庫，時值暮春，木有餘氣，且年支未土乃木之庫，甲木有根，雖然干支不見印比浮現，然辰藏戊乙癸，甲木爲陽干，性質剛健逢辰土滋養，雖弱自歸其弱，仍不能棄原來之根性，故以一般格局論之，運仍喜扶身，行運喜水木，用神藏於辰中之癸水。偏財旺相自坐父母宮位，所以父親崢嶸，擔任工程師，十六歲甲戌年，辰戌未，命與大運，流年三刑逢沖，父親病逝，從此大環境轉差，後來力爭上游從事廣播行業，二十六歲甲申年，七殺臨運，辦理結婚登記，二十八歲丙戌年，辰戌沖，喜用受傷，夫宮動搖，夫妻觀念不合，離婚收場。

例二：男命

傷官	乙未	正官	5 壬午
			15 辛巳
劫財	癸未	正官	25 庚辰
			35 己卯
元神	壬午	正財	45 戊寅
			55 丁丑
劫財	癸卯	傷官	

元神壬水，生於大暑前，火土當令，壬水怯弱，月時癸水相助但又氣洩於卯木，元神虛弱無根，但壬水陽干有特立獨行之性，非至本氣休囚死絕之地，絕不言從，故本命仍以身弱喜印比幫身爲用；以普通格局論之。原局呈現夏水乾涸，癸水相助卻無根，全盤不見庚辛金來相生，喜用無力，故一生成就艱辛，高中時代逢金運生水，意氣風華，讀書時皆擔任班長，年輕時即考進中華電信，三十三歲後一路行剋洩之運，身弱怎堪運來磨？所以財運不順，官運閉塞，工作上雖深受同僚信任，但三十年的努力，卻未謀得一官半職。此種用神雖近於元神，有情卻無力，加上一路行運違逆用神，故有時不予我之嘆。

例三：女命

傷官　辛卯　正官
偏印　丙申　食神
元神　戊子　正財
七殺　甲寅　七殺

9 丁酉
19 戊戌
29 己亥
39 庚子
49 辛丑
59 壬寅

七月戊土，氣勢休囚，年月天干丙辛合化水通根於月令，全局呈現金水木之氣，元神戊土又逢時柱甲寅強剋，故能以從格論之。早運平平，三十八歲大運爲亥水偏財，流年戊辰年，申子辰三合財局，在股票投資上，操作順利並於證所稅事件前出脫股票，賺進很多很多錢，庚午年買進新屋，籌備家具行，於四十二歲壬申年開業，生意亦佳，四十七歲丁丑年，丁火剋去辛金，原命丙火轉而生助元神，地支子丑亦合，原局喜用受傷，該年錢借他人，有去無回，然大運尚佳，生意也不錯，五十四歲大運正逢丑土之運，流年甲申，結束了十二年的事業，丑運乃食傷之庫，子丑合爲劫，爲子女之婚事金錢花費多，五十九歲後大大運一片水木，順用神之運，必能再創一片佳績。

二、從勢：

即所從之神，成方成局，其勢極盛，四柱無印綬生扶，而有官殺之剋或食傷之洩，方能視爲從格，這是針對日干爲陰干者，如日元爲乙、丁、己、辛、癸者而言。

例一：男命（取自《滴天髓補註》：伍庭芳命造）

正財	壬寅	正官	1 戊申
			11 己酉
偏印	丁未	比肩	21 庚戌
			31 辛亥
元神	己卯	七殺	41 壬子
			51 癸丑
七殺	乙亥	甲寅	

己土生六月，值土旺之時，雖通根月令，然地支亥卯未三合木局，透於時干乙木，丁壬又合而化木，木之氣盛，強剋元神，己土祇能棄命相從矣。運行中年之後一路水木旺地，宜乎老當益

壯，在遜清時即歷任各國公使，聞名於外交界，民國以來，歷任外交總長，卒於丙運壬戌年，壽八十有一。此造己土為陰干，雖然月垣秉令，亦置之不論，所謂陰干從勢無情義也。

例二：女命

傷官	乙卯	傷官	10戊子
			20己丑
正財	丁亥	比肩	30庚寅
			40辛卯
元神	壬戌	七殺	50壬辰
			60癸巳
傷官	乙巳	偏財	70甲午

壬水生於十月，壬水司令，然地支亥卯半合木局，透於年時乙木，月干丁火通根於日時二支，全局看似一片木火，元神壬水孤立無助，然而陽干壬水，逢提綱亥水相助，從之不過，僅能以普通格局視之，行運喜金水忌火土，原局用神亥水被合，就已經暗藏危機，二十八歲大運在丑，流年為壬午年，天干丁壬合，地支午戌半合，火旺水易涸，經不起孩子哭鬧，火大了，竟悶

死了自己的孩子，最後以精神病發作，強制療養處置。由此例與前造比較，讀者對於「陽干從氣不從勢，陰干從勢無情義」，應該會有一個理解。

例三：

食神	丙午	傷官
偏財	戊戌	偏財
元神	甲寅	比肩
偏財	戊辰	偏財

7	己亥
17	庚子
27	辛丑
37	壬寅
47	癸卯
57	甲辰
67	乙巳

九月甲木，秋深氣寒，且提綱又爲燥土，不能潤水養木，故四柱宜水火配合，見水則土潤，見火則木秀，凋殘之木，水火並見方能秀氣風華。本造乍看之下，地支寅午戌三合火局透於年干丙火，全局一片火土之象，初學者又在從與不從間徘徊，有了前例的概念後再來看本例，時支辰土具有養木之功，原則上陽干祇要有根，雖財官黨衆勢強，仍不能視爲從格。命主爲一飼料公司

業務人員，命盤呈現偏財格，身弱喜幫扶，行運喜水木，忌火土，偏財格者一生財進財出，樂觀大方，賭性堅強，除了推廣飼料外，本身亦爲一大養豬戶，四十一歲大運在壬水，明見運來助身，但戊土回剋且流年丙戌一片火土流年，在專業領裡，養豬賺進的錢卻栽在股票投資上，輸掉了正業所得且負債累累，此爲身弱不堪任財者之戒。接下寅運，寅午戌三合火局，可以預見後運有木化成灰之象，多做無益。命主實爲一青年有爲之士，樂觀大方，然一生歷經風霜，起落甚大，筆者誠摯建議他還是上班爲宜，到了五十二歲以後，寅卯辰三會東方木，自然會事半功倍。此時令人想起兵法家孫子說的：「知己知彼，勝乃不殆，知天知地，勝乃可全。」

以上是從日干之陰陽來論述的，接下來我們再從另一個角度來看，《滴天髓》又是怎麼說的呢？在《滴天髓》衆寡論中說：「強衆而敵寡者，勢在去其寡；強寡而敵衆者，勢在成乎衆。」短短幾句話道出了兩神對立的取捨，例如傷官遇官的處理方式，還有從與不從的看法，在未舉例說明前，我們先來了解徐樂吾先生在《滴天髓補註》一書中所說的，他說：「強衆敵寡與強寡敵衆，其理一也。全局氣勢已成，只能順其氣勢而行，設有一、二點違逆之神，唯有去之爲美。去其寡即所以成乎衆。此類格局，乃以全局氣勢爲主，不以日元爲主，逆全局氣勢者即爲敵，敵在日元，即爲從格。敵在四柱，即爲忌神。如去其敵，則全局氣象純粹矣。但欲去之，必須要原柱有去之之神——剋與洩是也。若無剋洩，則兀然無傷。雖欲去之而不能。在日主有能從不能從之別，在忌神有能去不能去之分也。敵寡與強寡之別，在於有根與無根，無根爲敵寡，去之易。有根爲強寡，雖得去之而不淨也。此所謂根，乃指微根而言，若根重則不能去矣。」所謂「微根」是指五行的墓庫和餘氣，例如木在未辰，火在戌未，金在丑戌，水在辰丑，土在寅申（土之氣隨火長生於寅，其質則隨水長生於申）。

例一：男命

食神	丁丑	偏財
偏財	己酉	七殺
元神	乙巳	傷官
比肩	乙酉	七殺

3 戊申　13 丁未　23 丙午　33 乙巳　43 甲辰　53 癸卯　63 壬寅

乙木生於秋，地支巳酉丑三合金局，天干火土相生，乙木衰微，了無生機，僅見時干乙木幫身。此爲強衆敵寡。敵在日元就是從格，如能去其敵則全局氣象純粹矣。但欲去之，必須要柱有去之之神，本例幫身之時干乙木，自坐酉金絕地，就足以去之，故此例以假從格視之。假從之局，只要行運順利，亦可以取富貴，行運喜火土金忌水木，本造從事建材及煤氣行，財運順利如意。

例二：男命

正印	壬子	偏印	7	癸丑
			17	甲寅
正印	壬子	偏印	27	乙卯
			37	丙辰
元神	乙酉	七殺	47	丁巳
		沖	57	戊午
偏財	己卯	比肩		

仲冬乙木，本性生寒，最喜見丙火，寒木向陽，方見生機，習慣上喜用取火土忌水木，然細看之下，元神坐下金從水勢，全局呈現水木之象，僅見時干己土虛浮，又逢木剋，誠如前賢徐樂吾所言，全局氣勢已成，祇能順勢而爲，若有一、二點違逆之神，唯有去之爲美，去其寡所以成乎衆。所以行運喜水木忌火土，本命自行運以來一片水木順用神之運，讀書成績優良，目前擔任

教職，在三十五歲丙戌流年，天干丙火生助忌神己土財星，地支卯戌合來助忌神，該年會因財惹禍，故投資股票失利，慘賠了多年的積蓄。本命全局氣象清涼，寒氣逼人，精神上總有不美之處，此乃調候不良之通病，故結婚多年，期盼得子，但一直難以如願。三十七歲後而運氣轉陽和，生女有望。

例三：男命

劫財	甲子	偏印	
傷官	丙子	偏印	
元神	乙酉	七殺	
			沖
偏財	己卯	比肩	

3 丁丑
13 戊寅
23 己卯
33 庚辰
43 辛巳
53 壬午

本例與前例看來相似，全局水木相生，前造己土虛懸，本造丙火生助己土，故不適用於衆寡論中之條件，本命仍以普通格局論之，讀者宜細加分辨。仲冬乙木，調候爲要，喜火暖土培根，因喜用無根，財坐絕地，用神無力，早運生活優渥，十八歲後寅運劫財，違逆用神貪玩不讀書，於二十二歲乙酉年底，歲運皆逆，且乙酉年與日柱伏吟，在路上發生嚴重車禍，至今尚留下諸多後遺症。二十三歲後流年皆是火土，尚能平靜無波。

例四：男命（取自《滴天髓》任鐵樵編著）

傷官	戊午	比肩	癸亥
			甲子
正官	壬戌	傷官	乙丑
			丙寅
元神	丁卯	偏印	丁卯
			戊辰
七殺	癸卯	偏印	己巳

此傷官當令，印星並見，官殺雖透而無根，勢在去其官殺為美，初運，運走北方，官星得地，一事無成，丙寅、丁卯生助火土，經營發財，戊辰、己巳去盡官殺，一子登科晚景崢嶸。此造午戌合火，日時逢卯，日主旺極。這種身旺見食傷併見官殺而無財通關者，須視食傷與官殺之

力，若官殺無力，以去官殺爲妙。

例五：男命（取自《滴天髓》任鐵樵編著）

正官　辛卯　劫財　　己丑
　　　　　　　　　　戊子
七殺　庚寅　比肩　　丁亥
　　　　　　　　　　丙戌
元神　甲辰　偏財　　乙酉
　　　　　　　　　　甲申
食神　丙寅　比肩

此寅卯辰東方，兼之寅時，旺之極矣，年月兩金臨絕，旺神在提綱，休囚之金難剋日主，而且丙火透於時上，木火同心，謂之強衆敵寡，勢在去庚辛之寡，早行土運土生金，破耗多，進京入部辦事，至丙戌運，喜其剋盡庚辛之美，分發廣東，得軍功，升知縣，至酉運，庚辛得地，不祿宜矣。

例六：男命（取自《滴天髓》任鐵樵編著）

七殺	庚寅	比肩	辛巳
			壬午
七殺	庚辰	偏財	癸未
			甲申
元神	甲寅	比肩	乙酉
			丙戌
傷官	丁卯	劫財	丁亥

任鐵樵云：「此亦寅卯辰東方，旺神不是提綱，辰土歸垣，庚金得載，力量足以剋木，丁火雖透，非庚金之敵，用殺明矣，至甲申運，庚金得祿，暗沖寅木，科甲聯登，仕至郡守，一交丙運制殺，降職歸田。」

《滴天髓》一書，一直以來被研習命理者視爲瑰寶，尤其在抓用神的工夫上，作者認爲研習命理者尤須理會，如果用神抓不準，若論及行運結果時必然會有所偏差，前面例子的說明中，不僅驗證了衆寡論的看法，也提供了形象格局篇中的內容，諸如兩氣合而成象，象不可破也。或是說，若然方局一齊來，需要干頭無反覆等等取用神的技巧。總而言之，讀者對於那種成方成局，氣勢非常旺而形成一種氣勢者，當順其氣勢，不可違逆，若有一、二官星乖悖者必先察其財官之勢，其觀察的方法經整理如下：

一、如果月令為財，則以財為用。

正印　癸卯　劫財
食神　丙辰　偏財
元神　甲辰　偏財
食神　丙寅　比肩

寅卯辰三會東方木，元神甚強，但提綱為財，則以財為用神，取食傷生財，行運喜火土。

二，如果官星浮露，得財相生，則以官為用。

正官　庚寅　劫財
偏財　己卯　比肩
元神　乙亥　正印
偏印　癸未　偏財

亥卯未三合木局，年支見寅，提綱為卯木，元神甚強，但天干財官相生，雖然各自坐絕，用神虛浮無力，仍以普通格局視之，行運喜土金，若行運不配合，總是一生成就艱辛，虛有其表。

三、如果形象已成，僅見官星虛浮，則須去寡而從其衆。

			大運
正官	癸未	傷官	丙辰
劫財	丁巳	比肩	乙卯
元神	丙午	劫財	甲寅
正官	癸巳	比肩	癸丑
			壬子
			辛亥

巳午未三會火，時支見巳火，提綱又爲巳火，元神旺極，年時癸水官星，虛浮無根，仍以去之爲美，喜木火，忌金水，壬子運激怒旺神，遭到祝融之變，家破人亡，這與所謂的暖之至而寒無根，反以無寒爲美的論法是一致的。

例七：男命

比肩	丁未	食神	6 乙巳
			16 甲辰

劫財　丙午　比肩　26癸卯
　　　　　　　　　36壬寅
元神　丁巳　劫財　46辛丑
　　　　　　　　　56庚子
正官　壬寅　正印　66己亥

本例與前項說明近乎相似，同樣的是官星虛浮，前例年干癸水臨未土，癸被己剋，時干癸巳，癸水逢巳中戊土合去，依衆寡論是可以去之，故以假從視之。本例壬水官星來合元神，元神揮之不去，故以一般格局論之，全局單見壬水，生於五月丁火秉令之際，原命不見金發水源，官星無力，身旺無依，必須運行西北金水之鄉，方能吉昌順遂。本命劫比競透，與父無緣，二十歲之前一片木火之運，益增其烈，七歲癸丑年，滴水反爲旺火燥土焗乾，該年父親過世，家境愈加貧寒，國中畢業後不再升學，工作貼補家用，癸運從事水果中盤商，因虧錢作罷，轉而從事噴漆工程，收入頗豐，但又被兄弟倒會壹佰多萬元，元氣大傷，目前尙從事噴漆工作，痛苦難捱，四十五歲以後轉運西北，金生水來，必有一番作爲，祇是群比爭財，如何守住財，才是此生的功課。本造的事實描述，乃源自於命主的訴說，讓筆者想起前輩任鐵樵之命造，雖然身旺無財，若能配合行運亦能平步青雲。因爲從命主之描述亦知，是一研習命理之人，僅此提供前輩之命例以資鼓勵。日後發展方向宜向西北方。

例八：《滴天髓》原著作者任鐵樵之命

正官	癸巳	比肩
食神	戊午	劫財
元神	丙午	劫財
七殺	壬辰	食神

1	丁巳
11	丙辰
21	乙卯
31	甲寅
41	癸丑
51	壬子
61	辛亥

前輩在清乾隆三十八年生於浙江官宦之家，爲人忠直，抱負非凡，初習功名業，卻屢試不第，而星命業者爲其推算，謂必名利顯達，指揮自如，但年輕時總是屢困試場，終不能顯名，待其父親去世後，由於家資漸退，他自省，既然上不能從父志以成名，下又不能守田園而安業，後半生之事業，宛若浮雲，不禁悲從中來，乃開始懷疑命理之虛實，於是潛心研究命理，懷著孤臣孽子之心，竟能參透五行之妙，體悟命運確有定數，也判斷自己實非官場之人，遂放棄科舉，轉

習命理術數，爲糊口計，乃於京師爲人論命，遠近馳名，門庭若市，至七十餘歲，老當益壯，猶爲人論命。今觀其命，仲夏丙火，火氣甚炎，年月天干戊癸合化火，火氣愈旺，喜時干壬水自坐水庫，惜乎原局不見金來生水，壬水無源，成就必然艱辛，如無歲運金水助之，則仕途不顯矣。全盤呈現丙火炎威，故個性熱忱，性躁無毒，父母緣薄，家貲難守，出外發展之命，加以四十歲之前一片木火之運，逆其喜用，所以雖然抱負非凡，理想遠大，依然屢試不第，坐困愁城，五十一歲以後大運轉北，喜用之七殺得助，果然名傳千里，揚眉吐氣。

例九：男命

七殺	戊申	偏印	2 丁巳
			12 戊午
偏財	丙辰	七殺	22 己未
			32 庚申
元神	壬申	偏印	42 辛酉
			52 壬戌
偏印	庚子	劫財	62 癸亥

雖然《滴天髓》有云：「強衆而敵寡者，勢在去其寡。」又說：「然若方局一齊來，需要干頭無反覆。」然就本命雖申子辰三合水局，但月令辰土七殺透於年干又逢月干丙火生之，七殺逢生不能謂之寡，只能說是財殺虛浮，外華內虛，危機暗藏，本命以一般格局論之，行運喜火土忌金水，早運一片火土之運，讀書成績甚佳，數理尤好，是一資訊科學博士，三十九歲大運在申，申子辰三合水局，檢查出罹患腎癌，晴天霹靂，令人驚愕，四十二歲以後辛運與原命丙火合化水，喜神合化爲忌神，不妙之期矣！

例十：女命

正財	癸丑	劫財	3 庚申
			13 辛酉
劫財	己未	劫財	23 壬戌
			33 癸亥
元神	戊辰	比肩	43 甲子
			53 乙丑
正印	丁巳	偏印	63 丙寅

戊生未月，原局火土重重，單見癸透年上，丑未之沖癸水根拔，依衆寡論，勢在去其寡，以去其財爲妙，行運喜火土，忌金水，本命官殺不現而入庫於未中，丑未之沖，夫星飄搖，感情難免波折，大運自三歲起運一路金水逆用神之運，所以家境不佳，父母離異各自婚嫁，兄妹隨父生活，二十一歲癸酉年，大運在酉，桃花合入夫宮，該年完婚，婚後則從事印刷工作，由於大運不濟，所以一直呈現負債狀態，故於三十二歲甲申年以離婚收場。假從之人多生於一般家庭，但假行眞運也可發貴，然亦須行運配合，所謂「命好不如運好」，本命行運一路逆用神，毫無喘息之機，誠所謂「何知其人凶，忌神輾轉攻」。

例十一：女命

比肩	癸丑	七殺
七殺	己未	七殺
元神	癸丑	七殺
七殺	己未	七殺

9 庚申
19 辛酉
29 壬戌
39 癸亥
49 甲子
59 乙丑

六月癸水，生於大暑前，未中乙己同宮，己土本爲乙木所制，不能輕言從殺，但原命地支丑未之沖，藏神盡出，年干癸水之根盡去，又逢月干己土近剋，元神癸水祇能棄命從殺，故行運喜火土，忌金水。通常若以一般格局論述，身弱殺旺習慣上稱爲「身衰遇鬼」，但從殺之人，以殺星爲用神者，則是以鬼翻做神，也難怪這位三太子的女性代言人在崖高水淺、身不由己的情況之下，豈能抗拒神明的安排，所以不必經過訓乩的過程，就能直言神斷，祇因元神周遭皆是喜用之神，堪稱滿天神佛。再觀其大運，自九歲至三十三歲一路金水逆用神之運，一籌莫展，諸多不順。三十四歲以後丙戌之年起，大運流年一片火土之運，自可展露身手，三十九歲後癸亥大運，己土回剋，尚無大礙，於此階段乃人神共修之時，爲更上一層做準備。四十九歲以後甲運傷官合殺，業精名振，指日可待。原局丑未之沖，財星飄搖不聚財，故命主當是重名不重財，不爲財所奴役，應是一位值得期待，優秀的神明代言人。

第七節

憂鬱症

人是感情的動物，心情的起伏，常隨著外在的環境而變動，在個人的一生中，難免會遇到重大的挫折與壓力，當情緒無法獲得有效的紓解，在長期的累積之下，就會產生憂鬱的情緒，某些人或許隔段時間情緒平靜後，會慢慢的釋懷，某些人因缺乏適當的情緒調節和欠缺朋友與家人的支持，在前途茫茫的前題之下，自己又無法跳脫現實的困境，自會將情緒延伸為一種病態，以致於心靈與行為都受到影響，嚴重的自責，甚至於強烈的想終止那永無止境的痛苦，而以自殺來了結這一生。

八字學是探討個人生命歷程的一套哲學，有鑑於今日社會上的人們或多或少都陷入了憂鬱的漩渦。研習命理者有其必要去研究，是什麼來造成憂鬱症的發生。其實人的壓力不外乎情感的因素、家庭因素、經濟上的因素和工作或學業的困擾，然抗壓的能力則取決於壓力的大小和持續的時間以及個人的天性。

若從八字命理學的角度來分析約可歸納於下列幾點：

一、由日元的強弱來判斷，繼善篇云：「少樂多憂，蓋因日主自弱。」意即以日干爲主體，再觀察其他七個字與日干的對待關係，幫扶日干多者，則稱日干強，反之即弱。基本上從日元強弱的程度，就可以了解到其人的處事態度，一般日元強者自掌權衡，主觀性較強，較不易爲外界情勢所左右，日元弱者則因人成事，較爲被動，行事風格上較易委屈求全，逆來順受，易受外界情勢所左右，憂鬱的成分較高。

二、命局調候不良的影響：氣象篇云：「過於執實，事難顯豁，過於清冷，思有淒涼。」又說：「水泛木浮，死無棺槨，火炎土燥，生受孤單。」意指命局有用神，而不見喜神，或用神他合或逢剋。此種命造一生起伏不一，樂極生悲，故而心情難以豁達。若原局一片金水則過於清冷，例如金水傷官格若命中不見一點陽和之氣，則平生難免孤衾寒眠，生機盡失。

三、以十神星性來說，如憎愛賦云：「命逢傷敗太過，一福不過芻蕘，縱有百藝多能，難免飢寒疾苦。」意即食傷雖巧，若是不見財亦是枉然。因傷官任性，官殺拘身，財多則病，印多自恃，比劫多則不富，若命局不見有制化之神，如傷官佩印，印化衆煞，或比劫分財，棄印就財之類的現象，行運再逢幫忌神之運，就有進退失據，悔恨煩憂之事而鑄成大錯，以下我們就以實際的命例來探討分析。

例一：男命

正印	庚戌	正官	7庚寅
七殺	己丑	七殺	17辛卯
元神	癸卯	食神	27壬辰
傷官	甲寅	傷官	37癸巳

元神爲癸水，生於季冬，土寒水冷，如以原命土旺木多，形成剋洩交集之象，年干庚金雖有制傷化煞之功，但遠離元神，救應不及，且益增其寒，全局濕寒滯塞，故平日優柔寡斷，沈默行事，患得患失，國中畢業後，一直在家幫忙家裡的工作，薪水由父母發放，據其自稱，經常被母親精神折磨，父親則言語暴力恐嚇，動不動就叫他去死，而自己則一生事業無成，金錢緊絀，於三十七歲丙戌年就已患了憂鬱症。

影響本命心理之素

一、季冬癸水，落地成冰，萬物不能舒泰，原局不見丙火解凍，故而個性內斂，欠缺陽光活潑度不夠，易自我閉塞。

二、月柱為父母宮位和兄弟宮，本命月柱七殺透干，主兄弟無緣，月柱七殺無情，主父母管教嚴格，行打罵教育，平生所遇之環境難以溫暖其心，此為寒氣太重的另一種寫照。

三、再觀行運三十二歲至三十六歲辰運，土止水流，全盤形成剋洩交集，心力交瘁，再聽其所訴，豈不與命吻合哉。

例二、女命

正印	辛丑	正官	5 辛丑
偏印	庚子	劫財	15 壬寅
元神	壬辰	七殺	25 癸卯
正印	辛丑	正官	35 甲辰

元神為壬水，生於仲冬，年月庚辛通根於丑庫，原局呈現土生金、金生水故元神自旺又入於坐下辰庫，呈現出金寒水冷之局，滿盤寒濕之氣，也展現了內心寒窒、凍水不流、華而不實的愁悵與無奈。雖然從命盤看來本命金水氣清故面貌皎好冷艷佳人。唯子丑剋合，污濁了這片冰清之氣。大抵調候不良之命盤，縱有財富，在精神上總難全美，在命盤上正偏印齊透天干其敏銳的個性，更顯示出是一個不願屈居人下的女人，在情感的煎熬之下，憂鬱成疾，多次自殺，終於在民

國八十五丙子年，時年三十六歲，流年丙火逢辛反怯，合化為水，一點陽合之象，化為流水，終以睡衣懸樑自盡，結束了這一生淒美的人生。

影響本命心理的因素

一、本命年月支子丑之合，化為泥沙，污濁了元神壬水清澄之性。丑為官星，女命以官為夫，官為忌神故易為感情所困。

二、再觀大運三十歲至三十九歲乃食傷之運，經云：「要知女命難婚，乃運入背夫之運。」女命以夫為官，傷官制官，也就是行運進入傷官之運，若是原命無財引通官星，則婚姻難成。

三、從情感的層面上來看印星，它是一顆超感性的星性，自我期許甚高。但是印星太多，多則不當，自然也會洩了官星之氣，夫婿要好，就要財來生之，命盤財星不現，所以所遇非人，似乎命中早已註定，祇能嘆其不知命，又何苦來哉！沒有通過生命的考驗。

四、寒氣重者，宜多戶外生活，多接受陽光，卡到陰，見到鬼者亦同以上方式辦理。

五、對火炎土燥的燥鬱症者，以太極拳、瑜珈術等調息動功，為改善心性的輔助方法。改變命運的最佳方法是由自己做起，由外而內較為簡單，修行好的，由內而外較為速捷。

例三、女命

傷官	乙卯	傷官	
正財	丁亥	比肩	劫煞
元神	壬戌	七殺	
傷官	乙巳	偏財	

10戊子　20己丑　30庚寅　40辛卯　50壬辰　60癸巳

元神爲壬水，生於初冬，壬水司令，但年月亥卯半合木透干於年時，加以原局火土黨多形成一片木火土來剋洩元神而從旺中轉弱，行運喜金水忌木火土，命中喜用亥合卯爲忌神就已暗藏危機了，全局呈現水淺易涸之象。所以個性急躁易怒，毫無耐性。二十五歲乙卯年，卯爲日支桃花，合入夫官，認識了男友，並於次年庚辰年結婚，隨後生子，二十八歲壬午年由於孩子哭鬧，不耐煩，竟悶死自己的孩子，最後經檢查以精神病發作強制療養，並被宣告禁治產處分。

影響本命心理之因素

一、月神亥水被卯木傷官合去，用神不眞，乃因傷官所致，女命以傷官爲子，故有憂子之痛。

二、二十五歲至二十九歲大運在丑，丑爲忌神，元神壬水不清，此運是夫不賢，子難養，身體又差，終至鑄成大錯。

三、以日支爲主，劫煞在五行絕處，即寅午戌火局絕於亥，所以劫煞在亥，《三命通會》云：「劫煞吉則聰明過人，凶則昏濁邪侈，毒害性重，執拗內狠，本命亥水喜用化爲忌神，故有執拗內狠之性。」

例四、女命

偏印	庚辰	七殺	6 癸未
食神	甲申	偏印	16 壬午
元神	壬子	劫財	26 辛巳
偏印	庚子	劫財	36 庚辰
			46 己卯

元神爲壬水，生於初秋，庚金司令，母旺子相，勢力並行，加以八字一片金水，澎湃洶湧，

所謂崑崙之水可順不可逆，取月干甲木順水之性，但甲木虛浮又逢年干庚金通根月令緊剋，用神甲木受傷，格局不美。經云：「食神逢剋，不貧則夭。」命主於出生兩個月後即被母拋棄，目前與奶奶同住，平日不語，拒絕學習，是幼稚園內令老師頭痛的小女孩，小小年紀就自我封閉，不想上學了。

影響本命心理之因素

一、用神甲木食神爲一種智慧、才華、思想、口才的象徵，在命局中若爲喜用，又被剋制，就代表不善於表達，智慧晚開，反應較慢。幼時乏乳。

二、在現實的環境中，祖母因其幼孫從小就缺乏母愛，身兼母職，在教育中溺愛過度，保護甚周，亦間接造成幼兒與人疏離的因素。

第八節 孤鸞日

孤鸞意同寡鵠，鵠又名天鵝，依其習性，經常出雙入對，若是單見一隻謂之「寡鵠」，又名「孤鸞」。

沒有接觸過命理的人，都聽過民間所流傳的一個婚姻禁忌「孤鸞年」。老一輩的人們相信；若是在孤鸞年結婚，日後在婚姻上將有不幸福的徵兆。究其由來；就是在一年中農曆出現兩次立春，然而立春實乃二十四節氣之首，在命學上被視為一歲之首，是一年的開始。例如民國九十三年農曆正月十四日是甲申年的立春，該日以前出生者生肖屬羊，立春以後出生者，生肖才屬猴。翻開萬年曆在當年的十二月二十六日又見立春，這一天的立春則是乙酉年的立春，這種一年逢兩次立春的年度，就開啓了人們的想像空間，認為同一個年度有兩次逢春，意謂著是凶婚，所以就稱為孤鸞年，又有好事者認為整年看不到立春的年度叫做寡婦年，例如民國九十四年從農曆正月初一到十二月二十九日，完全盼不到立春的年度。這種僅是以曆法上節氣的用詞來判斷婚後是否夫婦齊眉，未免稍嫌粗糙與無知。

四柱推命術以日干為我，日支為配偶宮，夫妻雙方的對待，在某些部分就取決於配偶宮的星性和該星在命局中的喜忌來定奪，所以在探討夫妻間的關係，就不能不對日柱有所關切。本節要探討的孤鸞日即根源於此。書云：「木火蛇無婿，金豬豈有郎，土猿常獨臥，木虎空居孀，赤黃馬獨臥，黑鼠守空房。」也就是在乙巳、丁巳、辛亥、戊申、甲寅、戊午、丙午、壬子等八個日子出生者，較容易犯下三命通會所載的「孤鸞寡鵠煞」。賦云：「寒衾少怨，命値孤鸞。獨枕早孀，日臨寡鵠。」在論命的方法上，從十干生剋定名的十神中就可以查覺在前面所提及的八個孤鸞日，其中乙巳日、辛亥日、戊申日配偶宮星爲傷官或食神，甲寅日、丙午日、丁巳日、壬子日其配偶宮星爲比肩或劫財。依淵海子平雜論口訣云：「傷官劫刃，難逃寡惡之名。」意即，凡是出生日逢孤鸞日生者，婚姻上則宜刻意經營，否則不免夫婦不睦，或有老困嬌娘之說。

例一：女命

正官	庚寅	劫財	10 乙酉
			20 甲申
傷官	丙戌	正財	30 癸未
			40 壬午
元神	乙巳	傷官	50 辛巳

60 庚辰

食神　丁亥　正印　70 己卯

元神乙木生於立冬前兩天，秋氣蕭索，燥土秉令，最喜癸水滋養，今觀八字火土重，不見癸水潤土，時支亥水又逢巳火傷官沖去，根基盡去，乙木枯槁，生機盡失矣。

影響本命婚姻之因素：

一、夫宮傷官又逢沖，巳中庚金沖出，官星飄搖星現不穩定狀態。

二、年干正官自坐絕地，又逢丙火傷官近剋，婚姻不美已是定局。

三、本命夫星正官現於年干，較易早婚，遂於二十歲巳酉年天干己土財星通關，官星逢生，且地支與夫官巳酉半合解沖而完婚，夫婿大其二十一歲，婚後兩男一女，爾後大運一路金水扶身，平安無事，午運四十五歲甲戌年，天干木生火旺，地支寅午戌三合火局，透於月干，夫星正官庚金逢此旺火，煆制太過呈現火旺金熔之象。該年夫婿身亡。賦云：

「歲運臨夫絕之宮，俾鴛配分飛異路。」

例二：女命

偏印	癸丑	偏財	1	癸亥
正印	壬戌	正財	11	甲子
元神	乙巳	傷官	21	乙丑
傷官	丙子	偏印	31	丙寅
			41	丁卯
			51	戊辰
			61	己巳

乙木生於季秋，土燥木凋，喜見年月干透壬癸水通根於時支來潤土培木。時值深秋，寒氣漸增，喜見丙火照暖，原局水火並用齊透天干，並通根有力，元神乙木得此陰陽相濟，自然生趣盎然矣。

影響本命的命理因素：

一、歌云：「女命傷官福不眞，無財無印守孤貧。」本造夫宮巳火透出時干，可謂不弱，似有傷夫之命，但見月干透壬水制丙，傷官配印，文采風華，夫宮雖爲傷官但左右財印相隨，剋洩有情，反能榮夫益子。

二、觀其大運一路水木之鄉，生助用神，讀書順利，品學兼優，醫學院畢業後，目前任職於教學醫院，並兼任學校講師，夫婿亦是一外科名醫，夫婦在不斷的自我成長中，不論是因專業的研讀，或是半夜的緊急出勤，爲了不影響對方的安寧，竟也同室分床而睡。「木火蛇無婿」，意謂者本性潔癖，喜獨自而眠，莫非這也是一種表現的方式。

例三：女命

七殺	庚午	傷官	12	甲申
食神	丙戌	偏財	22	癸未
元神	甲寅	比肩	32	壬午
傷官	丁卯	劫財	42	辛巳

季秋甲木，土燥木凋，地支寅午戌三合火局透於月時之上，八字滴水全無，號曰木化成灰，年干夫星庚殺遠離元神且逢旺火熔金，經驗上這種身弱逢傷官又遇殺者，常有不測之災，須見印來引化，方能免之。

影響本命的命理因素

一、夫星七殺自坐敗地，又逢丙火近剋，命盤不見水印來制化，剋夫之象已現端倪。

二、命中已現之部分，亦須運來成就，三十七歲丙午年，大運正逢午火，歲運一片火海，傷官肆虐，夫君豈能免禍，所以夫婿雖貴爲醫生，亦難免除病魔之拘身而歿。

例四：女命

偏財	丙午	正財	正官	15甲午
偏財	丙申	偏印		25癸巳
元神	壬子	劫財		35壬辰
比肩	壬寅	食神	驛馬	45辛卯

元神壬水，生於初秋，金神秉令，母旺子相，壬水具沖奔之勢，年月丙火通根於年時二支，氣象晶瑩，身財兩停，權取時支寅木洩秀生財，唯天干不見甲木透出通關，救應不及，平生難免財進財出。行運喜木火土，忌金水。

影響本命的命理因素：

一、夫星己土現於年支與元神遠離，夫妻觀念差異性大，且與日支子水逢沖，夫星，夫宮皆成不穩定的狀態。

二、本命於二十五歲庚午年結婚，子午之沖，沖動夫妻官，危機早已暗藏，二十六歲剖腹產下一子，二十七歲發現夫有外遇，從此夫婦感情失和，終於在三十四歲己卯年，卯爲傷官且刑入夫宮，夫婦協議分居，三十六歲辛巳年離婚收場。

三、命主從事房屋仲介，樂觀積極，人緣亦佳，雖命帶驛馬，平日即奔波忙碌，賺錢第一，是疏忽了丈夫的存在而顧此失彼，還是命運使然，在論命的過程中常發覺以食傷為喜用者，大都才華俱佳，背負著家庭的經濟重擔，卻又往往有遇人不淑的命運。

例五：男命

劫財　丙申　正財　　8 己亥

傷官　戊戌　傷官　　18 庚子

元神　丁巳　劫財　劫煞　　28 辛丑

正財　庚戌　傷官　　38 壬寅

48 癸卯

58 甲辰

68 乙巳

元神丁火，生於寒露後十二天，火神入庫之時，其精神猶在。唯八字土金旺相，元神身弱，僅見年干丙火根於月日兩支，八字不見木來制土生火，用神無輔，此即危機暗藏之兆，三十七歲大運在丑，洩弱巳火之助，且丑戌刑出丁火，年干丙火無根，該流年為壬申年乃用神受剋之年，夫婦於參加同學的婚宴，返家途中，在省公路發生車禍，車上四人，僅命主重傷存活，其餘三人則命喪黃泉，命主服務於中華電信，其妻亦在同公司擔任話務，夫妻情深恩愛，令人不勝唏嘘。

影響本命的命理因素：

一、《滴天髓》云：「吉神太露，易起爭奪之風。」又說：「何知其人吉，喜神為輔弼。」意即天干之氣單純，顯露於外，易被損傷，如果命局不見喜神來適時的救應，逢逆運之時，則不免突生災厄。本命若見甲木透干，就能化險為夷。

二、丁巳孤鸞日生者，並非遇者皆會逢此命運，然日支巳火不僅為命盤之喜，也是中年之劫煞，事發之壬申年，巳申合，喜神絆合，引動了劫煞，古歌云：「劫煞為災不可擋，徒然奔走利名場，須防祖業消亡盡，妻子如何得久長。」

三、命是一種徵兆，歲運則如時光，是命運發生的必然因子，神煞之說，例如桃花、孤鸞、亡神、劫煞，皆是輔助看命的技巧，回歸到正統的命理學，其看法仍是，凡生助用神者吉，逆用神者凶。本命事發之年，正是大運，流年皆是逆用神之年，故有此不幸之事。

總之，這種僅以一柱來推斷命運，僅能提供論命者注意的焦點，例如日坐傷官會罵夫，坐下羊刃必產厄，對於魁罡日、八專日，諸如此類的看法，也祗是個參考，若要論得準，還須審視全局，配合行運得失，方不至於錯亂。

第九節 官訟與牢災

傳統上過去的社會，主體上是一個以農業為主的社會，人民日出而作，日落而息，思緒單純保守封閉，對於違紀亂法視為畏途，至於飢寒起盜心，結黨而盜，也多為時勢所逼，實屬不多。至於進人取用，如結婚、考試也要考其家世清白與否，所以對於官訟與牢災視為奇恥大辱且有辱先人，但隨著社會結構的複雜化，百工齊發，百鳥齊鳴，是非就多了，不論是政治上的歧見、個性或感情的堅持、財務上的運作、人際間的處理、交通上的疏忽，都有可能引起訴訟，這是一個不分貧富貴賤，上至總統、部長，下至攤販、流鶯，都無法避免，然而犯之者誅，對於當事人總是不爽，研習命理的目的就在吉凶禍福，告在未萌，也就是欲知運內吉凶，先看根元勝負，根元有貴，逢運則貴，根之有財，逢運發財，命內有災，逢運則災臨，所以動與靜實為利害之樞機，智與慮乃禍福之門戶，因此時機不可不查，不識命者若不守中道，禍患也由此而出，知命者則審時而動，失時而守，體天行道，福善由此而生，知進知退實乃存亡之道也。在古賦文中，先賢從經驗中也整理了一些易犯刑名的原因以饗後學。茲節錄如下：

繼善篇云：「傷官復行官運不測災來。」（命內無財方是）又說：「貧賤者（身強正官逢沖謂之賤）皆因官處遭傷，孤寡者只因財神被劫。」

金聲玉振賦云：「坐囹圄以亡命，只爲比劫爭鬥。」

金鼎神祕賦云：「身衰失時，財多翻爲貧漢，若居煞地多是凶徒。」

明通賦云：「印綬逢煞則發，逢合則晦，逢財則災。」（對身弱者而言）又說：「官居刃頭終被刑」。（甲日見辛卯月，官星坐絕無助，再逢丁火傷之則禍患就來）

以今日的解釋就不難理出個大綱：印爲護身之本，印不可破。官爲榮身之本，官不可破。財爲養命之源，故財不可劫。殺爲拘身之神，不可讓其坐大。總之，還是離不開六神的運用原理，以下就以實際的命例來說明，使讀者較易領悟。

例一：男命

正印	己卯	正財	
正財	乙亥	食神	
元神	庚午	正印	正官

8	18	28	38	48	58
甲戌	癸酉	壬申	辛未	庚午	己巳

正財　乙酉　劫財　68戊辰

十月庚金，水冷金寒，非丁不能鍛造，非丙不能暖金，八字不見丙火暖冬，陰沈鬱悶似已顯現，年月地支亥卯半合木透於月時之干，財旺身弱之命，喜火土金，忌水木，喜日時見二支土金相扶，奈年干己土正印逢旺財強剋，已明現危機，這叫貪財壞印，因財惹禍之局，四十六歲甲子年，大運在未，與原局亥卯未三合木局，木旺土崩，況且流年甲子，不僅為日犯太歲，與原命甲己合，子午沖，官印俱去，故以侵佔公款，犯刑起訴。

例二：男命

比肩	乙卯	比肩	7	丙戌
			17	乙酉
食神	丁亥	正印	27	甲申
			37	癸未
元神	乙亥	正印	47	壬午
			57	辛巳
七殺	辛巳	傷官　正財	67	庚辰

本命身強印旺取財爲用，行運喜火土忌水，身強，干透食神制煞，平生頗有聲名，二十一歲乙亥年，大運在乙，日柱伏吟，且與時柱返吟，並沖時支巳火用神，因聚賭傷人而入獄，本命日時兩柱返吟，一生履空，老境堪憂。

例三：男命

偏財	戊戌	偏財	5 壬戌
			15 癸亥
正官	辛酉	正官	25 甲子
			35 乙丑
元神	甲辰	偏財	45 丙寅
			55 丁卯
比肩	甲戌	偏財	65 戊辰

仲秋甲木，金神乘權，木被金傷，但甲木自坐辰土，雖辰戌相沖，從之不過，仍以普通格局論之，行運喜水木，忌土金，八字財官黨盛，無印以化官，幸早年一片水木之運，亦能安然度過，癸運之時戊癸合，財來壞印，正印變質，軍校無法畢業，接下來學做生意，從事鐵材買賣，

丑運賺錢甚多，卻難擺脫命盤偏財的特色，看不透情慾，常在網路援交被女警釣魚，也多易科罰金了事，本命妻宮逢沖，夫婦不睦，目前分居中。此乃官旺無制又無化，因財惹禍之命例。

例四：男命

			大運
食神	癸卯	偏財	5 己未
劫財	庚申	劫財　劫煞	15 戊午
元神	辛卯	偏財	25 丁巳
比肩	辛卯	偏財	35 丙辰
			45 乙卯
			55 甲寅
			65 癸丑

元神爲辛金，生於七月，庚金秉令，氣轉生旺，最喜干透癸水通根申宮，金水洩秀，取其清，原局不見土來混濁，應是聰明豪邁之士，但觀其大運十八歲之前，己土混水，背用神之運，高中時期爲同學抱不平，打架後從此輟學，就北上跟著「大哥」混跡江湖擔任左右護衛，幾經波折後主持賭場，二十三歲以後丁火臨運，流年乙丑，乙庚合爲劫，因財惹禍，賭場恩怨打架傷人

判刑，到民國八十年共進出三次，三十三歲後丙運，丙辛合化水，從事便當買賣，客源爲遊樂場的顧客，並身兼各種行業，但仍財進財出，平生重義輕財，花錢不手軟。本命劫財與偏財相鄰不見食傷轉化，故平生易爲財起糾紛，衝突性高，同時劫煞、羊刃同柱且爲命盤所忌，自是災害疊生，橫禍難免。

歌云：「劫煞爲災不可擋，徒然奔走利名場，須防祖業消亡盡，妻子如何得久長。」這或許是江湖中人的無奈。

第十八章
論婚姻

婚姻的形成是基於男女雙方對於感情與法律的承諾，而願意共享情感與身體的親密和彼此的各項資源而成。也是一種雙方與政府的法律契約，所以對於婚姻的美滿，家庭的和諧更關係著國家的安定，因此國人不得不重視。今年根據劉俠之友會追蹤行政院主計處公佈的統計數字，發現九十五年度台灣地區共有六萬四千五百四十對怨偶離婚，平均每日離婚對數高達一百七十七對，爲歷年來第二高。學者專家認爲離婚率的升高不外乎個人主義的興起，婦女運動抬頭和都市化的興起，在個案上不外乎外遇、家暴、財務經濟、個性不合、婆媳及姻親關係的困擾。其實婚姻問題，一直以來在人類社會中是個永恆的話題，絕大多數的人都在討論著維繫婚姻的方法，無非是靠著責任或是感情。然而越來越多的青年男女，對於婚姻不再期待，選擇同居而不結婚，以爲這樣愛情就能永恆，甚至抱著隨時走人的心態，已婚者又如南極暖化的冰原般，一路崩解令人窒息，政府無力，專家無策，婚姻的受害者又迫於無奈。站在研習命理的我們，若從一個置高點來觀看歷史的洪流，也會發現曾經在這塊土地上的先人，在過去的歲月中，因瘟疫、天災、兵災，造成了許多家庭顛沛流離而妻離子散，但現今的兒女卻常在追逐理想中，一一滅頂，我們不認爲台灣地區的人民沒有責任、沒有情感，癥結在於社會教育的失敗，一個不知天高地厚的教育體系，一個雜草叢生而芝蘭隱蔽的社會，粗糙取代了美感，或許這是一個集體的共業，一個迷失的時代。基於從事於命理工作，深感有必要從命理的角度，來分析一下「婚姻」到底出了什麼問題。

人之所以爲萬物之靈，實因人心之用可大可久，心雖僅方寸之間，但與天地同其大，同其流，順則涵養萬物，逆則草木同悲。其理雖散於萬物，但不外乎心之妙用矣！想起西廂記裡鶯鶯細細叮嚀張生：「荒村雨露眠宜早，野店風霜起宜遲。」的兒女私情，卻也情緻蘊蓄，在迴腸婉約之中有著訴不盡的眞情，而此眞情，才是最動人心者。古人說：「十年修得同船渡，百年修得共枕眠。」在實際論命中，作者曾與多人分享了生命的歷程，看多了人間多少悲歡離合事，更惕悟「情緣」的眞意，也深知離婚並非是個必然，且並不一定意味著重生，往後面對的是另一種的困擾。有人說選擇婚姻就像射箭一樣，放箭之時，儘管篤定正中紅心，但在這過程中，不論是風向的影響，還是自身功力的深淺與否，都會影響成績，所以接受事實，貴在自知。俗謂「人法地、地法天、天法自然」，本篇就以婚姻的本質，原就是一種缺陷，一種不公平的美，以及從命裡角度去看與婚姻有關的事項，來做一個分析，期望讀者體悟，並以此觀念傳諸好友，共同分享上天的安排，將這具有缺陷的婚姻生活，在雙方的相知相惜下，用心去經營，因爲苦樂悲喜在一起，是深情的美，也是婚姻的最高境界。婚姻的最高境界，不僅僅在享受對方，重要的是不同的喜好，卻因愛的滋潤而豐富了彼此。

第一節

認識婚姻

在探討人類生活的體系中，總難跳脫易經的道理，也就是天地間的自然現象。了解了自然現象，對於人世間的疑惑，自然就能領悟。所謂「在天成象，在地成形，變化見矣。」讀者們除了在論命的技巧上追求準確外，對於人事上的常變之理也應有所知悉。研究命理非同卜筮之術，一時一事而已，命理之學可以警示人之終身，導引變動因心之道，棄惡揚善，功德甚大。前面提及婚姻的本質就是一種缺憾，一種不公平，若能識天之道，經營得好，也不失為一種瑕不掩瑜的特色。俗話說：「天垂象，以示吉凶。」我們就來看一下老天是如何的啓示我們婚姻是必須用心經營的。

從八字論命技巧的領域中，有會合刑沖的方式，會影響原有干支的特性，首先就以天地之間所謂的和合來象徵人事上的現象，例如婚姻的結合、事業的合夥……等等。現就以實際的天干地支來說明天地間的相合所代表的意義。

「合」者有天干之合，地支之合。合了以後又有絆合和合化之分。「絆」的字意就是受制，所謂絆合，就是指兩者因為合了以後，就失去了彼此原來的作用。合化就不一樣了，合化的條件就須注意五行因相合所遇到的環境而定，如果遇到的環境不適於變化，也只是合而不化。此謂之絆合，所以合化的條件就必須配合適於變化的環境，亦即所臨之支通根乘旺，例如天干丙辛合水，而坐下的地支見申或子或辰或亥之類，才能謂之合化水。

天干相合有甲己合、乙庚合、丙辛合、丁壬合、戊癸合，我們可以查覺天干合的情形是：陰陽互見，因剋而合。例如甲木剋己土、丙火剋辛金……等因剋而合，謂之相合。

地支相合有子丑合、寅亥合、卯戌合、辰酉合、巳申合、午未合等六種，其中相生之合有三，相剋之合亦有三，加總起來，因剋而合者居多，相生之合歸於少數，這就是我們說的婚姻本來就存在著不公平，所以社會中自然存在著天下夫婦多，珠聯璧合少的情形。唯天道有綱常，五行之用在於相生以序，相剋以成，在在的啓示人們婚姻的經營，是人類基本上要面對的，延續後代更是生物界基本的天職。但卻有許多人迫於無奈，只因對方暴力相向，或是窮困潦倒，或是拈花惹草……而走向離異之途。到底是上天的捉弄，還是自我認識不清，不願面對，甚至於到老困嬌娘的窘境，都是往後值得探討的課題。其實婚姻的好與壞，完全取決於雙方是否合適，如人穿鞋，它不在於材質、價位，祇要是適合自己的就是好。

忍耐是不能持久的，婚前擇友宜三思，合適就是美。

第二節 合婚

傳統上當男女雙方要結婚之前，雙方家長大都會拿著雙方的八字來給算命仙合婚，不時的也傳出只因算命仙的一句話「八字不合」就活生生的拆散一對情投意合的情侶，同時這些年來，在命理節目的渲染下，積非成是，甚至以姓名來斷婚配，以生肖來斷吉凶，眞不知根據何在？追蹤統計數據何在？完全濫用生剋之道，一副盲人摸象，自以爲是的老大心態，在商業掛帥的今日，專業道德淪喪，社會充斥著欺瞞，更喪失了讀書人基本的風骨，大有一犬吠形，百犬吠聲的盲從心態，實在令人看不下去。首先我們來看一看古時的合婚法。

八宅配婚法

八宅派將人分成兩大類，即東四命與西四命，東四命爲震、巽、離、坎四卦，西四命爲乾、兌、艮、坤四卦，各卦分屬的五行如果在同一組中都是互相生助的，例如西四命的乾卦屬金，兌卦屬金，艮卦屬土，坤卦屬土，由於彼此互幫或相生，進而依此推斷東四命與東四命，西四命與西四命交往的關係較好，而東四命與西四命交往，因五行相剋則不佳。再依此引用到婚姻關係，就認為同一命卦之夫妻關係較好，反之較差。為了多樣性再從命卦與命卦的組合來取出八星，配得生氣、天醫、延年者為上婚，主夫妻恩愛，白頭偕老，兒孫滿堂。配得伏位、禍害、六煞者為中婚，主夫婦平穩，雖有爭執，亦能偕老。若是配得五鬼、絕命，則為下婚，主夫妻二心，子女刑剋福薄緣淺。這是最淺顯的二分法，非好即壞。

生肖配婚法

在過去的農業社會裡，由於交通閉塞，民智未開，識字者不多，人們大都只知自己所屬的生肖，對於所生之日則大都不知出自何日，而且廣為流傳到民間的地理和擇日之學，也都以出生年為主要的依據。也由於個人出生之生肖易懂易記，所以在流傳上有其方便之處。傳統上夫婦之合，如同陰陽合德而剛柔有體，是人倫之始，也是美事一樁，所以合婚者就利用了地支的會合刑沖。只因為若要成其好事，在人們心目中喜合而不喜刑沖，生肖配婚法就是依十二地支配合十二生肖；以子為鼠、丑為牛、寅為虎、卯為兔、辰為龍、巳為蛇、午為馬、未為羊、申為猴、酉為雞、戌為狗、亥為豬。利用地支的三合、六合、六沖、相刑和六害的理論而成。茲整理如後。至於實際的眞相讀者不妨從同學或親友間做個統計，自能有所了悟，其中僅能做為參考，準確度不高。

三合局：申子辰、寅午戌、巳酉丑、亥卯未。

六合：子丑合、寅亥合、卯戌合、辰酉合、巳申合、午未合。

六沖：子午沖、丑未沖、寅申沖、卯酉沖、辰戌沖、巳亥沖。

相刑：子卯刑、辰辰刑、午午刑、酉酉刑、亥亥刑、寅申刑、寅巳刑、巳申刑、戌未刑、丑戌刑。

六害：子未害、丑午害、寅巳害、卯辰害、申亥害、酉戌害。

基於以上，就不難看出如通書或農民曆所表列的男女合婚便覽對照表的根據。參照左表後就會了解到江湖流傳的「白馬犯青牛，雞猴不到頭。」還有那麼一說：「雞兔犯形煞，蛇豬一旦休，虎猴如釜鑿，牛羊不到頭。」的順口溜，其乃源自於刑沖及六害之說。

男女合婚便覽

生肖	◎	○	●	◎	○	●
鼠肖	◎六合肖牛 三合肖龍 猴	○肖鼠虎蛇狗豬	●沖馬 破雞 刑兔 害羊	琴瑟和鳴福壽良緣	平穩可配	衝突爭鬥剋親不安
牛肖	◎六合肖鼠 三合肖蛇、雞	○肖牛虎兔猴豬	●沖羊 破龍 刑狗 害馬	鸞鳳和鳴吉慶之緣	平穩可配	衝突變緣澀滯災殃
虎肖	◎六合肖豬 三合肖馬、狗	○肖鼠牛虎兔龍羊雞	●沖猴 破豬 刑蛇 害蛇	百年好合富貴良緣	平穩可配	衝突冷酷無情是非
兔肖	◎六合肖狗 三合肖羊、豬	○肖牛虎兔蛇猴	●沖雞 破馬 刑鼠 害龍	鸞鳳和鳴圓滿吉緣	平穩可配	衝突不合憂苦惡怒
龍肖	◎六合肖雞 三合肖鼠、猴	○肖虎蛇馬羊豬	●沖狗 破牛 刑龍 害兔	赤繩繫足福壽良緣	平穩可配	衝突歧見破緣是非
蛇肖	◎六合肖猴 三合肖牛、雞	○肖鼠兔龍蛇馬羊狗	●沖豬破猴合不忌刑虎害虎	琴鳴瑟應吉慶之緣	平穩可配	衝突無緣薄義廢疾
馬肖	◎六合肖羊 三合肖虎	○肖龍蛇猴雞豬	●沖鼠 破兔 刑馬 害牛			
羊肖	◎六合肖馬 三合肖兔、豬	○肖虎龍蛇羊猴雞	●沖牛 破狗 刑狗 害鼠			
猴肖	◎六合肖蛇 三合肖鼠、龍	○肖牛兔馬羊猴雞	●沖虎 蛇自合不忌 害豬			
雞肖	◎六合肖龍 三合肖牛、蛇	○肖虎馬羊猴豬	●沖兔 破鼠 刑雞 害狗			
狗肖	◎六合肖兔 三合肖馬、虎	○肖鼠蛇猴狗豬	●沖龍 破羊 刑牛 害雞			
豬肖	◎六合肖虎 三合肖兔、羊	○肖鼠牛龍馬雞狗	●沖蛇 破虎 刑豬 害猴			

以上如◎雙圈者為上婚　如○單圈者為中婚　如●黑圈者為下婚

這就是民間流傳的雙方差三歲為刑、六歲為沖的根源，研習子平之學的人自然不會跟著江湖術士起鬨，自欺欺人。八字所以精準，乃是觀看八個字彼此間的作用，前面那種僅以出生年來綜斷一切，總是稍嫌粗糙，難免失其準確度，飯後閒談尚可，若信其所用，不免貽笑他人，自暴無知。

在自由戀愛的現代，男女雙方早已情定終身，等到要合婚的時候，大都已經準備要步上紅毯了，因此，八字師傅對於合婚之事，應本著上天有好生之德，深信人與人之間的相遇都是一種緣分，夫妻的結合不論是來自於一個前世未了的情緣，還是為了一個千古不變的諾言，職責上只能依據命理的專業據實分析，不論是個性的剖析或行運的順逆吉凶，讓雙方能夠相知相惜，全然地接受，共同理出個方向，共同面對，讓彼此做到「我願意陪著你，苦樂悲喜在一起」的諾言。一個稱職的命理家知前知後，若能再涉及到人性心理學和宗教裡的慈悲和積極之心，對於人心的扶植就會更為貼切，願有志者能共同努力，莫再淪落到術仔之列，令人汗顏。

前輩們在合婚一事上，隱約的提供若干的看法來提示後代，在婚姻生活中必須自我提升，適時的調整個性，以應天命，《易經．繫傳》云：「神無方而易無體。」天下之事，本來就沒有一定的必然，端視我們的人生觀如何、行為和心念如何，其看法仍不離中庸之道，那就是五行有損，須藉相生。就如《金鼎神秘賦》對於借妻安子之法有云：「青龍做子，休婚白虎之妻，火德成男莫娶亥子為婦，木兒見鬼，得北方坎女多存，水子遇煞，賴西方兌妻可養。水制火男，藉青龍爲孀母，木損土兒，覓朱雀爲繼娘。」

這其中的道理與五行的調和是一樣的。婚姻生活雖涉及到各個層面，很難面面俱到，但抓住這個準則，對於合適的婚姻，依然可以描述出一個輪廓，供青年男女們參考。

一、從日元的強弱程度來看，一般元神強者，主觀性較強，自掌權衡，喜歡影響他人。元神弱者，則因人成事，較爲被動，風格上較易委曲求全，逆來順受，對於這種一強一弱者，在協調方面較易成事。

二、從命盤格局來看，八字論格局，除了是取用神的參考要素之外，更是觀察一個人行事風格和今生生活重心的重點所在。例如正官格者行事循序漸進，重視規範，而傷官格者行事情緒化，機靈善變，兩者若相遇，在處事待人方面交集太少，易有歧見。亦即格局宜相生，不宜相剋。

三、若以配偶宮來看，有下列兩點爲主要的觀察重點：

(1)夫妻兩人之日支不宜同字，若是日支相同，逢流年干支來沖日支時，由於夫妻配偶宮同時犯沖，若又大運不濟，發生衝突就很難挽救了，輕者失和，重者離異。

(2)日支若爲剋害配偶之星，例如男命妻宮坐比劫，女命夫宮坐傷官又不見制化之神緊鄰，則宜配外省籍或風俗不同或遠地或年紀差距大之人，方能免禍。

四、年柱、日柱、干支皆同，例如甲子年又逢甲子日名曰「主本同宮」，宜娶同年生之女子方能免禍，這就是俗稱的鳳凰池。

五、凡屬所謂的剋妻之命，宜配剋夫之命，在中醫上謂之「以毒攻毒」，在命理上則有「沖之則散」之說法。

六、五行貴在中和，人事妙在中庸，夫婦宜於陰陽合順，觀行運則知榮辱，若能兩者吉凶互見，且彼此互助，則更見相惜，就不致落得「貧賤夫妻百事哀」的困境，所以男女雙方對於八字的五行結構最好不要相同性太高。例如丈夫命局金水多而喜木火，妻子最好爲木火多而喜金水，除了彼此有陰陽交合之妙外，對於站在行運的觀點上有平衡的效應，較易增強家庭的穩定度。

以上僅是個原則問題，心中若有愛，必能化解諸般事。其實姻緣天註定，個人頭上自有一片天，什麼樣的命配什麼樣的人，似已成定局，經驗上的印證不乏金水傷官者大多紅顏薄命，土燥火炎則夜寒怨帳，官臨墓絕之地則老困嬌娘，印重則公姑相妒，比劫透出則易爭夫。男命則因財官俱空，子喪妻傷，身弱財多，偏聽妻語。比劫重重幾度郎……等。至於那些被月老遺忘的人如何應對呢？套用金玉賦的一句名言「荊門求覓」，意即往生活較爲艱困的地區尋覓，較易成功，換句話說就是現今所謂的「放下身段」。畢竟命中若逢行運相助，也能令白屋出公卿。其實榮辱都是一時的。

例一：難得的絕配

男命			女命		
劫財	辛卯	正財	傷官	癸巳	七殺
正官	丁酉	劫財　羊刃	食神	壬戌	偏印
元神	庚申	比肩	元神	庚子	傷官
正財	乙酉	劫財	偏印	戊子	傷官

男命元神爲庚金，生於仲秋，陽刃秉令，金氣剛銳，喜見月干丁火鍛金，頑金逢火，器皿天成，五行喜木火。

依十神配六親來看，年支正財喜神逢月令酉金近沖，且干頭辛剋卯木，妻星蕩然無存，妻宮又坐比肩，似乎爲一剋妻之命。

女命元神爲庚金，生於季秋，戊土司令，最怕土厚埋金，原局不見甲木透干疏土，但見壬水淘洗，雖有顯達，難免操心勞碌，唯八字中，用神多者宜洩不宜剋，且時序已入深秋，氣已轉涼，巳中丙火暖水尚屬有情，行運喜水木，地支見火不忌。依十神配六親來看，年支巳火夫星氣洩於月令，且逢癸水蓋頭，似有晦火之災，且夫宮傷官坐鎮，透於年月壬癸，其勢不弱，唯喜見月令戌土壓制，庶幾無患，但夫婦不合似成定局。

事實的情況是，男命在稅務機關，女命在國營機構，皆是有職務之人，兩人經濟上各自獨立，觀念不同，話不投機，但兩者對家庭有著深切的期許，在孩子的教育方式上雖爭執相對，但在妥協後彼此分工合作，相敬如賓，風平浪靜，沒有激情，讓人不禁莞薾。

深諳八字的人，對於這對夫妻不得不肅然起敬，他們超脫了命運的支配，是八字硬配的關係，還是兩人的胎元，男命戊子，女命癸丑，化解了各自剋配之危，還是彼此在長期的磨合中，所營造出的一種對待模式。你知道嗎？那晚他們分乘兩輛機車，騎了四十分鐘到我這兒，在論命的過程中，夫妻才恍然大悟，笑不攏口，原來各自竟把人生劇本扮演得那麼像，而惺惺相惜。

影響婚姻的命理因素：

一、雖然崖泉男命賦云：「羊刃劫財疊疊，花燭重輝之兆。」但男命如見正官透出制劫護財，就可免去剋妻之嫌。

二、歌云：「庚金傷官喜見官，運逢官殺貴千般；正是頑金逢火煉，少年折桂上金鑾。」女命傷官逢印星戌土制化，且有護官之功，故若仔細分析，本就不算剋夫之命。只是觀念上總有遇人不淑之憾，所以莫以一柱斷結果。

三、兩人皆是公務人員，甚能自重剋制，爲顧形象，且相信當初的判斷，故能異中求同，雖不願意，但能接受。

例二：男命

本主同宮，娶妻宜同年生。

比肩　己酉　食神
七殺　乙亥　正財
元神　己酉　食神
正官　甲戌　劫財

9甲戌
19癸酉
29壬申
39辛未
49庚午
59己巳
69戊辰

元神己土，生於初冬壬水司令，水盛土蕩，年干己土剋洩交加若有似無，時支戌土又逢甲剋酉洩，用神無力，原局不見丙火化煞扶身，調候不良，有病無藥之命，僅能靠行運救應，行運喜火土忌金水木，目前擔任快遞工作，善良負責，工作異常辛苦。三十四歲壬午年，午爲桃花與妻相識，三十五歲結婚，三十六歲甲申年，天干甲己合，地支申酉戌三會，命中喜用變質，該年妻子在自宅中因害喜嘔吐，阻塞呼吸道而失救，造成一屍二命之慘劇。

接下來我們再研究其妻之八字：

正官	癸丑	傷官	1 庚申
傷官	己未	傷官	11 辛酉
元神	丙子	正官	21 壬戌
食神	戊子	正官	31 癸亥
			41 甲子

六月丙火，火氣漸退，年月地支丑未之沖，丙火之根盡除，原局呈現土水交戰，元神孤伶無助，原局剋洩交集，從之不過，以普通格局視之，身弱無輔乃不貧則夭之命。行運喜木火扶身，忌土金水。觀其行運，一路西北金水之運，眞是屋漏偏逢連夜雨，愁煞人也。三十二歲甲申年，大運在癸水忌神當道之時，太歲甲合己，喜用化爲忌神，地支申金破壞傷官敵官的戰鬥狀況，故形成了以傷官生財，財生官，官拘身因財惹禍的誘因，而發生不幸事件，令人唏噓。

影響婚姻的命理因素：

一、兩者互補性不高，陰陽合和之性助益不大，雖然夫妻甚為恩愛有情，且勤儉持家但難免造化弄人，是否天命不可違，值得觀察統計。

二、《滴天髓》云：「何知其人兇凶，忌神輾轉攻。」女命丙火以申金為財，命書上所謂的因財惹禍，乃針對身弱喜印之人所發生的現象；即使不破財也會發生橫禍，這是一個活用的形容詞，俗語說「破財消災」自有其意義。社會上騙人錢財者必將承擔他人業力，且報應不爽。

三、命逢鳳凰池之命，三命通會有載，需要同年或納音年相同者為妻，始能免禍，余初不予置信，以為是術士之言。今逢此例，男者訴說其事，千眞萬確，特予錄之。是命使之，還是巧合，姑且信之。

例三：女命

比肩	癸丑	七殺		10丙辰
食神	乙卯	食神		20丁巳
元神	癸卯	食神		30戊午
傷官	甲子	比肩	桃花	40己未
				50庚申
				60辛酉
				70壬戌

元神爲癸水，生於仲春木神司令，正値癸水休囚之時，原局水木爲體，不能不佩印，惜乎原局不見庚辛印星可用，故貴人不現，年支丑土夫星遭逢月柱近尅，婚姻難美。命主爲一位四川姑娘於十八歲庚午年，天干庚金尅合食傷，地支引通食神尅七殺之象，於當年結婚，二十五歲丁丑年離婚，仍難擺脫生活困境，二十八歲庚辰年嫁來台灣，婚姻雖呈穩定，唯老夫少妻加以食傷洩氣太重，難免有夜寒孤衾之憾，本命行運喜金水，觀其大運一路南方火土逆用神之運，雖遠嫁不尅，然而財務經濟也夠其操心了，三十五歲以後大運沖動桃花自然有其發生的背景。

歌云：「癸水食傷怕見官，最嫌戊己透天干；再行財旺生官地，世事紛勞禍百端。」職場上是非恐難避免，本命的特色在於七殺早現又逢尅，如果早婚就不妙了。

第三節 婚姻的體現

婚姻的好與壞，雖然取決於自我價值的判斷，以及溝通能力的作為和現階段社會對於家庭所賦予的模式。若以最直接的話說，就是好壞完全取決於自己的觀點和需求，如同穿鞋子一樣，適合腳的尺寸就是好鞋，如不適合腳的尺寸哪怕是再高貴的品牌也無濟於事。站在命學的角度，我們寧願相信有緣千里來相會，無緣相見不相識，我們相信「姻緣天註定」，本節就從命學的分析來看結婚後可能發生的狀況，雖然這也可能讓讀者心生恐懼，甚至於畏懼婚姻，我期許一名研究命理者必須要有寬廣的心，來面對可能發生的一切，事前心理上做好準備，必能將傷痛降至最低。至於恐懼之心，本源於一種生活上的經驗，在我們有生以來就經常的遇到，其實它是一種生命的功能，防衛的先鋒。善用恐懼，可以將防衛與臣服並用，將事情處理得更為完美。例如在行車方面，升學或就業考試方面，因有恐懼的念頭，我們才會專心與事先準備，經驗上，相信大家都曾感受到，因善用恐懼而會有所收穫。天下沒有所謂的永恆；事事在變、日日在變，姑且稱之為「無常」。五行之妙貴在流通，如同，在一年的春、夏、秋、冬四季中，各有其當旺的時機，故節滿即榭，功成必覆。婚姻是個持續的生活，端乎於兩者的努力，在相愛的前提下，不斷的調整，笑看施與受的對待。以上純屬學習命理之前的心理建設，接下來將探討從自己的命盤中如何看出配偶與自己的親疏關係和施與受的相關性。看法就是從夫妻宮和夫妻星與元神的對待來看了。

夫妻宮的看法：

一、日元坐下之日支即為夫妻宮，乃配偶所居之宮，宮位不宜沖，沖則動，動則不安，所以論夫妻情緣第一步的工夫，先看夫妻宮是否刑沖，再看夫妻宮內之神，是為喜用還是忌神，若為喜用則受配偶助力大，反之，自己付出較多。

二、男命以正財為妻，女命以正官為夫，若夫妻宮坐入夫妻星，謂之宮星得位，主婚姻穩固，若是喜用神則有如漆似膠之依存，若為忌神則有揮之不去，想離開也難的困境。

三、由夫妻宮內十神所類化的性質可以看出配偶的性質和彼此對待的關係：

日支為正官

若為喜用：配偶行為正直儒雅，遵守規範。男命願尊重配偶意見且與子女融洽，女命則以夫為貴。

若為忌神：配偶行為墨守成規，刻板多疑。男命娶妻難如所願，女命以夫為苦，終受其害。

日支為七殺

若爲喜用：配偶行爲積極進取，剛毅果決。男命有妻賢子孝之福，女命遇之則有夫婿盡職之樂。

若爲忌神：配偶凶惡霸道，欠缺圓融。男命爲妻所苦，或有河東獅吼之妻，女命易有家暴的遭遇。

日支爲印綬（正印、偏印）

若爲喜用：配偶仁慈善良，能逆來順受全力相挺，男命可得文采風華之妻，但妻子易有身體不佳或婆媳問題引起處理上的麻煩。女命遇夫多爲溫文儒雅之流。

若爲忌神：配偶多愁敏感，愛指導他人。男命宜注意婆媳間引發的困擾，女命宜注意配偶的身體，有恨鐵不成鋼的怨言，或婆婆干預家事的困惑。

日支爲財星（正財、偏財）

若爲喜用：配偶實事求是，生活富足具有社會觀，男命可得賢妻富婆之助而成家立業。女命則幫夫有道，具蔭夫之命，凡事爲夫著想，具幸福感。

若爲忌神：配偶不善機變，虛耗財利，在家待不住。男命則偏聽妻語，好逸惡勞，因妻致禍。女命則以財滋夫，多情苟安，易有多情空遺恨的感受。

日支爲比劫（比肩、劫財）

若爲喜用：配偶善於交際，有組織能力，兩人相處如朋友有同甘苦之心。男命妻宮坐比劫，娶妻宜年紀、地域差距大爲對象，否則有賺了錢卻疏於照顧妻子之憾。

若爲忌神：因比劫會爭財，所以配偶金錢花費大，剛愎任性，祇因妻星被剋，妻位不佳，故男命與妻緣薄且不合。女命則遇夫不良，在財物或感情上易受傷害。

以上的看法純粹從原命上的配偶宮來論述，僅是各方面參考之一，不能視爲絕對，應再視行運配合的恰當與否，包括宮內之星是否因爲支合而起變化，再如女命夫宮若爲食傷且爲忌神，但逢大運或流年來制合，或原命有制合之神，亦能壓其凶性，有了以上的觀念，再往後的實例分析中，就會有所了悟。

夫妻星的看法：

從夫妻星的看法上亦可以看出配偶與本人的緣分，和配偶的能力與我的相關性。其看法不外乎以干支的藏透，位置的配合，及與元神的貼近狀況，來視其與命主在往後生活上的親疏狀況。至於配偶的能力，就是配偶星在原命中的能量，看法就如《子平眞詮》再三強調的「有情、無情、有力、無力。」和《滴天髓》云：「上下貴乎情和，左右貴乎氣協。」在此就以夫妻星爲例做一個說明。

例如女命以官殺爲夫星，若本命身強官衰傷官緊剋，若逢財星得局；或身強官衰喜見財，而財坐食傷之上，或身弱官強喜見印而印星貼近元神以化官殺之威，這種女命以官星爲喜用而官又逢生，或以官星爲忌神但有印星轉化而相生者，大抵夫婿事業有成、夫婦美滿。

再以男命爲例，財爲妻星，若身強財淺比劫多，如逢食傷轉化生財，或是官殺制比劫以護財星者，皆可算是有情之命，簡單的說，凡是喜用神若逢天干地支的生助，或不被合去、沖去，都能算是有情、有力。至於夫妻星距離日元的遠近則看其相互的影響力，例如男命妻星落在年柱而其他干支不現，或未能合入妻宮，則與妻緣較淡，若在月令則關係近且影響較爲深遠，若是妻星被他支沖去或合去，那麼妻緣就差了。以下就以實例來說明：

例一：女命

偏財	辛丑	食神	7 己丑
			17 庚寅
傷官	戊戌	傷官	27 辛卯
			37 壬辰
元神	丁亥	正官	47 癸巳
			57 甲午
正印	甲辰	傷官	67 乙未

雖云：女命傷官福不眞，無財無印守孤貧。但本命財印透干，傷官因此制化得宜。唯地支傷官遇官仍然藏著婚姻危機，婚後不久，夫婿因案羈押，從此擔負起家庭重任，但事業上的收入亦順利豐盈，累積財富甚多，目前尚在夜市經營燒烤之買賣。本命夫宮亥水正官穩坐夫妻宮乃得地得位，唯生於季秋，土旺水死，亥水無力，故夫婿能力遠遜於命主，且因夫有自閉之疾，讓命主非常煩心，多次協議離婚總是不成，而成了命主心中永遠的痛。

男命

劫財	庚子	食神	11丁亥
			21戊子
正官	丙戌	正印	31己丑
			41庚寅
元神	辛未	偏印	51辛卯
偏印	己丑	偏印	61壬辰

若以生肖配婚法則來論，雙方生肖子丑合，應屬大吉，事實不然。

乾造九月辛金，戊土司令，母旺子相，且時干己土透出，通根於月日時支，其勢甚強，有土多埋金之憂，今原局不見甲木出干制土，反見月干丙火氣洩於當令之土，秋土本燥，燥土不生金，且有土燥木折之慮，故行運還喜水木忌火土。用神遠離無力，成就艱辛，喜用集於祖先柱，故承祖先之蔭有祖產繼承，價值甚高。

本造夫妻宮三刑逢沖呈現不穩之造，八字印旺無制，性情上自視甚高，妻星入庫於夫妻宮卻逢丑沖，戌刑，乙木漂搖尋無居處，此種雖以財星爲喜用，本以得賢妻爲喜，無奈夫妻宮逢沖，妻財沖出若有似無，完全無視於妻子存在，我行我素，見到女人則執著於某處，令妻汗顏，屢勸不聽，因而造成夫妻間的不睦。

影響本對夫妻的命理因素：

《子平眞詮》有云：「干以通根爲美，支以透出爲貴。」亦即《滴天髓》所說的：「天地順遂而精粹者昌，天地乖悖而混亂者亡。不論有根無根，俱要天覆地載。」我們觀女方命造，偏財辛金通根坐下，月柱傷官通根月令，時支甲木根於亥辰丙支，其力甚厚，堪稱女中英雄，據其自訴，今日之成就是被夫婿給逼出來的，與命中夫宮亥水藏甲木長生吻合。傷官格之女命，實事求是，完全看不出溫柔婉約的柔美，或許是忙於家計，或許是不服輸的特色，或許遇夫不賢也是個必然。

男命是正偏印居多的格局，與女命食傷多的特性，在性格上是絕對的不容，所謂的「印制食傷」，熟習命理的人自然可以體悟兩人的相處是何等的無奈，說是永不相交的平行線也不爲過。

女命夫星正官，居於元神坐下，宮星得位，雖夫婦不合，但工作上卻分工合作，同在一個攤位上，各盡其責，相互爲用，但在私情上卻是無奈，無法溝通。

例二：男命

正財	辛丑	傷官	2 戊戌
			12 丁酉
傷官	己亥	七殺	22 丙申
			32 乙未
元神	丙午	劫財	42 甲午
			52 癸巳
傷官	己亥	七殺	62 壬辰

十月丙火，太陽失令，最喜印星甲木透干生火，雖亥中藏木，但濕木無焰，且全盤土金水黨多，剋洩元神太過，幸妻宮午火劫財幫身敵煞，可惜兩亥夾午，助力有限。行運喜木火，用神居於妻宮，雖妻宮爲劫財，有剋妻之嫌，但事實上本造之妻，賢良精明承擔家計，命主傷官生財（疼妻命）且財星透干自坐庫，堪稱有力，故其妻有河東獅吼之威，所以其行事上亦盡量配合妻子

的作爲，但妻星遠離日主，且爲忌神，故兩者在思想上差異性甚大，但身弱殺旺之人，最大的優點在於忍受度甚高，所以口頭上常說：「夠了！眞的受夠了！」但還是甘於爲妻子出力。這是一個以妻宮爲喜用，而以妻星爲忌的命例。結論是：妻子對家庭的付出是有目共睹的，但卻經常支使他，讓其百般無奈。接下我們再看原命妻子的命盤：

女命

比肩	戊申	食神	4 己未
			14 戊午
食神	庚申	食神	24 丁巳
			34 丙辰
元神	戊午	正印	44 乙卯
			54 甲寅
偏財	壬戌	比肩	64 癸丑

七月戊土，寒氣漸出，八字金水齊透，洩氣稍重，故喜丙火暖土，今原命丙火不現，權取夫宮午火生土制金，行運喜火土，本命初看食神有力又不見官，直覺上應是婚姻難美之命，然若以夫宮爲喜用且夫婿命盤之五行（如前例）火土亦多，似乎也彌補了先天命盤的缺憾。本命偏財逢

剋，有錢存不住，命主多情大方，常爲他人設想，唯獨漏掉夫婿的感受，這是兩人爭吵的主因。

影響本對婚姻的命理因素：

一、食神生財格，均不喜見官，因恐剋洩交加，日干不勝負荷，本命官殺不見，反取其清。

二、近賢徐樂吾說：「食神多見，皆以傷官論之，若原局中有印制食傷則不相礙，更見財星透干流通食傷之氣則佳矣。」食傷多者精明敢言不怕得罪人。妙在配夫得宜，兩人相差七歲，且夫婿又爲身弱之人，身弱者大多因人成事，配合度高。經云：「身弱財旺偏聽妻語。」用在其夫的命盤上頗爲恰當。這就是一種合適的婚姻。不論是採蜂忙，蠅逐臭，還是鷹展翅，魚潛游，合乎自然就是好，生活有趣就是美。

例三：男命

十神	干支	十神
食神	丁丑	偏財
偏印	癸卯	比肩
元神	乙卯	比肩
比肩	乙卯	比肩

歲	大運
8	壬寅
18	辛丑
28	庚子
38	己亥
48	戊戌

仲春乙木，元神不弱，八字水木幫扶，生之太過，喜火洩秀生財，行運喜火土，惜癸水透干制去丁火，財星無源，命格有損，本命群比爭財，不見官來制比護財，且梟印制食，財星無源。妻宮為比肩，有剋妻之嫌，三十八歲起大運流年一片火土相生發財無數，花費大並包養女人。四十五歲時進入亥運，水來土蕩則木傾，流年辛酉年事業慘敗，四十七歲癸亥年終至離婚。接下再來看其妻之命，來體會一下什麼叫做不是冤家不聚頭。

女命

偏財	乙酉	比肩	9 壬午
			19 癸未
比肩	辛巳	正官	29 甲申
			39 乙酉
元神	辛巳	正官	49 丙戌
比肩	辛卯	偏財	59 丁亥

四月辛金，雖值長生之地，奈火旺土燥，體質終嫌脆弱，雖見巳酉合金，金氣轉強，但辛金喜洩不喜剋，八字不見一點丑土或壬癸，勉強以官星巳火為用，但巳中丙火逢天干辛金爭合，地

支巳酉又合，官星盡去，護財無功。本命夫星坐夫宮乃得時乘位，祇因合爲忌神，這種喜神化爲忌神者禍害更大，所以難遇良夫，除了調候不良，官星他合亦是主要因素。三十九歲那年大運進入乙木偏財，天干呈現群比爭財之象，且流年癸亥，沖去夫宮巳火，夫妻宮就呈現不穩之象，原局官星盡損，護財無功，造成群比爭財之象，故散盡家財後終至走上離婚之途。

影響婚姻的命理因素：

一、《三命通會》云：女命比劫太多，夫有絕妻之意，主因就在爭合的看法上，其與正印他合母不正，正財他合妻不正，其道理是一樣的。

二、女命夫宮巳火爲丙火之祿，逢月時之辛金爭合，危機早已暗藏，先生有感情不忠的狀況。

三、通常流年若沖動夫妻宮，夫妻易有爭執之象，本命偏財無力又逢比肩爭奪，平生易爲財惹煩憂。

第四節 情緣與桃花緣

人與人之間的每一次相遇，常從一個偶然間開始，所以俗云：「有緣千里來相會。」唐朝孟棨在本事詩中便記載一個「千里姻緣一線牽」的動人故事。

唐開元年間，朝廷強徵了一批姑娘進宮爲士兵們縫製寒衣，這些姑娘入宮後，每天在針線活兒中消磨著青春，有家歸不得。有一天，一個宮女忽然想到那些鎮守邊疆的士兵們，不也跟自己的命運一樣嗎？同是天涯淪落人，有家歸不得，想著想著不禁悲從中來，順手拿了塊碎布寫下當時的心情，縫入寒衣。當寒衣送到邊疆後，一個士兵在衣縫發現一塊多餘的布，取下後瞧見上面寫著幾行小字：

沙場征戍客，寒苦若為眠；
戰袍經手做，知落阿誰邊？
蓄意多添線，含情更著綿；
今生已過也，重結後生線。

這位士兵深受感動，並將此事稟明了上司，不久上司更將此事申奏朝廷，玄宗看了詩後也很動容，遂下旨找出這名宮女，並將她許配給那位士兵，也因這個無心之舉，竟結下了一世情緣。

回過頭來看看現今的社會，生活的多樣性，使社交的層面更加寬廣，網路的流行，更大大的提升了人類彼此的互動，然而結婚的比率下降了，曠男怨女增多了，惡性循環的結果，更加深了青年男女對婚姻的不確定性，命理所探討的不外乎人的生活，從經驗中，探討男女情緣的發生較爲容易，但是對於婚期較不容易斷得準確，只因影響婚期的因素往往來得較爲複雜，諸如時局的影響，包括教育求學時間的延長，天災人禍的不可抗拒，現實上工作壓力的增加，性開放的尺度，拜金主義的興起和個人主義的抬頭。縱然如此，但在八字的領域中，前輩卻也整理了對於情緣和婚期的一些論述，應證於實例中也頗爲準確。

在八字學中經常看到的十神，是老祖宗爲了能夠更貼切的說明命盤的特色，在體陰陽、查人情，從生活的體悟中創造了十神的名詞，更爲了點綴命盤的生動，也利用了神煞之說而增加了市場性。本節要探討的仍爲兩性之間的互動，所以對於男命的正財、偏財爲異性星，女命的正官、七殺爲異性星，必須要有所了解和對於比劫有爭財的特性，以及傷官、食神能剋伏正官和七殺的特性外，對於桃花的看法更應著墨。所以八字中男命如果見到正偏財多者，女命如見官殺多者，或食傷多者，或見桃花居於命盤之中，那麼此人一生感情之事就有得瞧了。常聽到桃花一詞，卻有許多人尚不知其由來，在此就先引述桃花的典故來與讀者分享。

桃花緣的由來

去年今日此門中，人面桃花相映紅；
人面不知何處去？桃花依舊笑春風。

這是一個流傳於民間的故事，在唐德宗貞元年間，博陵縣的一位書生崔護所寫的「題都城南莊」的一首詩，詩中隱藏著一個動人的愛情故事，描述著才子佳人純眞的愛情，由於故事的情節曲折感人以及扣人心弦的結局，最後讓有情人終成眷屬，後人就將這段情緣稱之爲「桃花緣」。

話說崔護出生於書香世家，才情並茂，在某年的一個清明時節，心血來潮，自忖著不妨放下書本出遊踏青去，體會一下春天的感情。一路上青山綠水，鶯燕蟬鳴，甚是歡愉，在不知不覺中離城已遠，他忽然覺得腿酸口渴，尋思著找處人家討些水喝，卻見遠處一片桃林間露出一間茅屋，心想必有人家，遂快步前行，走近屋前崔護叩門求水喝，沒想到應門的卻是一位妙齡女子，使崔護甚感訝異，遂再說明來意：「小生踏青路過，想求些水喝。」少女見崔護相貌清奇且無惡意，遂引入草堂奉茶。崔護進入後，在臨窗的書桌上發現了一幀墨汁尚未乾的詩箋，上面寫著一首「詠梅」的五言絕句：

素艷明寒雪，清香任曉風；
可憐渾似我，零落此山中。

崔護意會到此乃藉著梅花來感嘆自己的坎坷身世，是如此的蕭索與無奈，遂興起了一股好奇之心，在一聲「相公，請用茶」的輕喚聲中，崔護才驚覺到眼前的這位少女在粉白透紅的臉上，秋波盈盈，不施脂粉的裝扮，宛如一朵春風中的桃花，展現著生命的風采，一時之間不由得心旌搖曳，在過程中更讓少女的那份嬌羞顯得更加動人。

自古以來大多美女心慕才郎，崔護在這種情境之下，自然的高談闊論，一時詩性大發，遂有「花開堪折直須折，莫待無花空折枝。」來試探少女的反應，當然在這位風華正茂又才情通人的少年郎，又怎不叫她春情蕩漾呢？然而在那個「男女授受不親」的年代裡「發乎情、止乎禮」的教條下，尚不致有強烈的激盪，還好崔護也藉著太陽向晚之際，打破僵局，戀戀不捨的向少女辭行，少女把他送出門，倚在柴扉上，默默的目送著崔護，而崔護也不時的回頭顧盼，只見桃花般的少女竟是那麼的無限情意，依依難捨。

從此少女對崔護的風采朝思暮想，魂牽夢繫，卻又不能對任何人傾訴；而崔護在回家後，對於踏青巧遇之事亦不敢再撩起思緒，全力埋首於書本上。

轉眼間到了第二年的春天，又見桃花怒放，崔護望著桃花不由得觸景生情，憶起去年清明的城南舊事，遂興起一股感情的衝動，一路來到舊地，企圖尋回往日的舊夢，在尋尋覓覓中，終於找到了去年的茅舍，然而大門深鎖，頓時，崔護宛若冷水澆頭，心想著此人已不在此地了，惆悵著枯坐在桃花樹下，憶及去年此時那位充滿著純眞靈秀的少女而懊悔不已，遂於房門上寫下：

去年今日此門中，人面桃花相映紅；
人面不知何處去，桃花依舊笑春風。

隨後悵然而返，從此少女的倩影常常縈繞在心頭，茶飯不思。幾天後少女隨父從親戚家中歸來，見扉上之題詩，亦深悔良機錯失，遂一病不起。

與此同時，崔護不禁相思之苦，於數日後，再度往城南尋訪，得遇少女之父，聽其訴說，才知其愛女，自從去年清明別後，日夜牽腸掛肚，只盼你若有情當再來訪，唯日盼夜盼，不見你來，沒想到前日歸來，見到門上之題詩，竟痛恨自己已錯失良機，以爲今生不能再遇，因此一病不起。此時崔護驚痛欲絕，不知少女用情之深，急請見少女，父親引進入視，既見之不禁悲從中來，淚流滿面，呼喚著少女的名字——絳娘，或許是精誠所至的感動，絳娘竟慢慢的甦醒過來，病也不藥而癒了。

在那個講求門當戶對的年代裡，崔護的父母也體諒著年輕人的一片眞誠，於是依禮行聘，終成美眷。崔護在娶了這麼一位情深義重的嬌妻後，自然心無旁鶩，於唐德宗貞元十二年獲進士及第，從此仕途順利，官拜嶺南節度使。

由於這段「人面桃花」的故事，完美的結局，令人羨慕引爲佳話，後世就把這種男女之間的羅曼史稱爲「桃花運」，因而「桃花」就成了世間男女情愛的代名詞。

桃花既是男女情愛的代名詞，接下來我們再來學習在實用上如何看桃花，祿命學中桃花對命盤的影響，以及對於婚期的影響如何！

第五節　桃花的看法

桃花是根據年支或日支來對照其他地支，取申子辰之支見到酉，寅午戌之支見到卯，巳酉丑之支見到午，亥卯未之支見到子，也就是取三合局第一字的第二位（如申按地支順序，它的第二位爲酉）爲桃花，如左表所示：

年日柱地支	年月日時地支桃花
寅	卯
午	
戌	
申	酉
子	
辰	
亥	子
卯	
未	
巳	午
酉	
丑	

◎例如：甲申日生者，逢年支或月支或時支爲酉者，酉就是桃花。

◎例如：甲寅年生者，逢月支或日支或時支爲卯者，卯就是桃花。

換句話說，桃花的地支必在子午卯酉中，一般把桃花分爲兩種，如桃花出現在年月兩柱者稱爲牆內桃花，此桃花代表著人緣佳，生活有情趣，如果出現於日柱與時柱者，一般稱之爲牆外桃花，主感情不易安分，有受他人攀折的機會。這是一種簡單的看法，尚需配合十神及喜忌，才可論得正確；有人命局以桃花爲喜神者，而從事美容護膚或化妝品的行業。論命者千萬不可見了桃花就淫詞穢語而自取其辱。有羊刃桃花，有傷官桃花，有正印桃花之別，有時支雖見桃花但逢天干蓋頭剋之，而大減其力；也不可單見子午卯酉就叫做桃花，讀者當明而辨之，桃花是喜神還是忌神還宜辨之，若身弱以官爲忌神，若逢官星帶桃花保證不會福祿誇；若是女命以七殺爲喜用，也不見得會有「殺帶桃花貧且賤，爲娼爲妓走天涯」的落魄，讀者在研讀賦文時，必須小心不要中了古人的陷阱。

有了以上的認識再回到本節討論的主題，對於談戀愛以及結婚應期的看法不外乎夫妻星、夫妻宮和桃花受到引動，以此再擴大因食傷會生財，所以男命食傷可視爲易與異性溝通的管道，以此類推，財會生官，女命財星也可視爲易與異性溝通的管道。所以有一種說法男命食傷多者好色，女命財多者好騙，這也僅是一種簡單的看法。

例一：女命

劫財 戊午 偏印 桃花

3 癸亥

13 壬戌

正官　甲子　偏財　天乙貴人

元神　己酉　食神

偏印　丁卯　七殺　桃花

23 辛酉
33 庚申
43 己未
53 戊午

元神為己土，生於仲冬，濕泥寒凍，不見丙火照暖，己土無生發之意，雖然時干丁火微明，奈丁火為燈燭之火，沒有解寒之力，所以縱行好運亦不過衣祿安然而已，行運喜木火土，忌金水。本命八字明現官印相生，細看之下，官來合我，有貪合忘生之義。命主呈現自虐之象，地支子午沖，卯酉沖，木火之根俱去，外華內虛之局，再觀行運，一路金水益增其寒，命主對於外在環境自有寒氣逼人之苦，今年三十歲丁亥年，大運在酉，歲運引動外桃花，從事特種行業。就如總歌所云：「子午並卯酉定是隨人走。」本造命薄運蹇，五十二歲之前尚未踏上暖局，此生功課可有的磨。

年月兩柱天剋地沖，月令子水偏財忌神當令，沖去祖基也就是年柱，到底是命主因財惹禍，還是傳承了父親不良之基因，或是承擔父親的業力，令人深思。

例二：女命

傷官	庚申	傷官	天乙貴人	
正官	甲申	傷官	天乙貴人	
元神	己卯	七殺		
正印	丙子	偏財	天乙貴人	桃花

10癸未　20壬午　30辛巳　40庚辰　50己卯　60戊寅

元神爲己土，生於七月金神秉金之際，己土洩氣而虛，加以八字金水木多，剋洩交集，僅時干丙火扶身，元神貪合甲木，使官星忘卻生扶之意，全盤呈現傷官肆虐，卯申暗合，官殺不貞之象，所以個性放蕩隨性，敢言敢玩，己酉年二十八歲，大運在午，沖動外桃花子水，所以感情複雜，從事特殊行業。通常不識命者常喜見貴人，本命貴人重重卻淪落風塵，何以言哉？總歌云：「一座貴人爲好命，兩座貴人心不足，三座貴人定做娼，晚年或作豪家正。」又說：「女人天乙兩三重，多貴翻成吉坐凶，絃管叢中爲活計，死絕休囚又不同。」總之，神煞之說雖爲論命的精巧處，但也要依命盤的喜忌而定，本命天乙貴人皆落於忌神之處，所以貴人翻爲小人，夜夜笙歌徒使身體耗弱，三十歲以後運轉西方，丙辛合，正印他合，丙化爲忌神因財惹禍，官災恐難避免。

例三：女命

正財	戊申	正官	天乙貴人	5 癸亥
				15 壬戌
劫財	甲子	偏印	天乙貴人	25 辛酉
				35 庚申
元神	乙丑	偏財		45 己未
比肩	乙酉	七殺	桃花	55 戊午

元神爲乙木，生於仲冬，根葉寒凍，最喜丙火解凍使花木有向陽之意，惜乎八字不見丙火，且地支一片金水，乙木虛浮，雖然年干戊土明露卻逢甲剋申洩，坐下丑土濕泥寒凍，了無生機，金局呈現金水重見，水多木浮奔波貪賤之命，再觀地支神煞，桃花、貴人皆落於忌神之處，本命喜火土，但行運一路金水忌神之運接踵而來，更增添了原命之寒氣，所以淪於娼妓，受制於人，三十七歲大運在庚，流年甲申，用神戊土逢歲運剋洩，折磨以終。《滴天髓》云：「吉神太露，易起爭奪之風。」本造戊土明露，護衛無情，加以三十多年的無情風雨，乙木怎奈摧殘，雖然四

十五歲以後，看來一片火土坦途之運，但總有「夜雨無情驚醒夢，西風有意折飛花」的無奈。

例四：男命

			大運
正財	己丑	正財	7 戊辰
正財	己巳	食神	17 丁卯
元神	甲寅	比肩	27 丙寅
七殺	庚午	傷官 桃花	37 乙丑
			47 甲子
			57 癸亥

元神甲木，生於夏季，丙火司權，木神逢火，根枯葉焦，調候爲急，最喜癸水透干來潤土養木，今原局年月己土正財競透，各通根坐下，元神甲木雖自坐寅木，唯時支午火桃花緊臨，使寅午半合火局，木從火勢，甲木頓失依據，原局呈現剋洩交集之局，精神盡失，身弱財旺，妻星強悍，自己無福消受之命。平生易爲妻財，桃花而憂慮，似已成定局。本命自軍中退伍後，就在酒家當樂師，風光了二十餘年，唯財如流水，損妻折妾歷經三次婚姻，至今猶孤家寡人，妻空，財也空。所以命中以桃花爲忌神者，平生常有因感情之事而困擾身心，智者宜乎愼重處理。

第六節

婚期的論斷

自古以來，婚姻被視爲人生大事，對於青春男女來說，最關心的莫過於自己何時會結婚，筆者因從事命理的工作，平時在爲青年男女合婚擇日的同時，也驗證了賦文中有關男女婚期的論斷。例如金玉賦云：「要知女命難婚，運入背夫之位，欲識男兒早娶，定是運合財鄉，歲運三合財鄉，必主紅鸞吉兆。」林林總總多不勝言，茲提供多年的資料案例，並歸納整理如下：

男命以財星爲妻，所以財星爲觀命的重點：

一、逢大運或流年爲財星時，易有戀情或結婚之事。

二、當大運或流年的干支來合住本命的財星時，易有婚緣。

三、原命出現財星受傷，例如財星被剋、被沖或被他支合住，須待解救之流年或大運來臨，方能成事。

四、身弱不堪任財者，亦須歲運爲幫日元之年，方能結婚。

五、本命局中若有妒合，亦須大運或流年來形成鴛鴦合時，方能成婚。

六、身強而財星虛浮於天干，也須財星得地之年，或逢天干食傷生財之年，方能成婚。

七、劫比透出又見財者，要劫財逢合、逢剋之年，才會娶妻。

八、妻星入庫之命，須待歲運干頭透出財星，或開庫之年，才易完婚。在此建議妻星入庫之命，娶妻宜年紀、地域，差異大或身材差異大的對象，方能和諧。公證結婚亦可。

九、妻宮坐比劫者，通常有奉子完婚，或臨事突然決定，或婚前波折多，需有心理準備。

女命以官殺星爲夫，所以官煞爲觀命的重點，在下列情況下易有婚緣：

一、逢大運或流年爲官星或殺星時，易成婚事。

二、當大運或流年的干支來合住本命的官星或殺星時。

三、原命出現夫星受傷，例如官星被剋、被沖、被合，須待解救的歲運來臨，方能成事。

四、身弱不堪官殺拘身者，亦須等待歲運幫扶之年，方能結婚。

五、原命局帶妒合，例如日主爲乙，月時之天干同爲庚，形成兩庚剋合乙，謂之招嫁不定，須待大運或流年來形成鴛鴦合時，方能成婚。

六、寒氣濕重者不易成婚，須待歲運暖身，生機才現，方能開花結果。

七、夫星若藏於地支內，不論是餘氣，還是墓庫，都須逢歲運天干引出，方能發用。

八、女命身弱而成從勢之格局，當行運逢官殺之年，常爲婚嫁之年。

九、女命食傷透於干頭有力，若逢大運官星出現，此爲夫星逢剋、婚事難成，但若流年是財星，則食神生財，財生官，婚姻可成。

男女命以日支為配偶宮，所以下列情況下易有婚緣：

一、本命夫妻宮逢沖，代表不穩定，須待大運或流年地，來合入夫妻宮，或合去，沖夫妻宮之神的流年。

二、流年為桃花，合入夫妻宮之年。

三、女命夫宮坐食神或傷官，乃剋害夫星之神，須待大運或流年之地支為印或財來制化食傷之性才能成婚，也有因奉子完婚的實例。

四、歲運與夫妻宮呈現三合或六合時易於成婚。

五、男命妻宮為比劫星，乃剋害妻財之神，須待大運或流年之地支為官殺或食傷來制化比劫之性，才能成婚，也有因風俗習尚，如百日內完婚者皆屬之。

以上皆是論斷婚期的基本看法，方法多端，不一而足，更由於婚姻為兩人之事，所以婚期的看法，只能做個參考，莫太執著。以下為眞實的命例，可做為斷驗的依據。

例一：男命

食神	丙辰	偏財	
傷官	丁酉	正官	桃花
元神	甲申	七殺	
正財	己巳	食神	

3	13	23	33	43
戊戌	己亥	庚子	辛丑	壬寅

本命火土金黨多，剋洩元神太過，故身弱喜幫扶，運逢幫身之運方能任財。於二十九歲甲申年，大運在子，此年天干合財，地支歲運命申子辰三合水局扶身，且合入夫妻宮，故於該年結婚。

例二：男命

偏印	丙辰	比肩	財庫
正官	乙未	劫財	
元神	戊辰	比肩	財庫
食神	庚申	食神	

9	19	29	39	49	59
丙申	丁酉	戊戌	己亥	庚子	辛丑

本命火土重重，身旺喜財官，八字財星入庫於辰，娶妻困難，三十一歲丙戌年大運爲戊運，雖說比肩男婚，但原命有乙木制劫，庚金洩土；尚稱無礙，三十歲乙酉桃花年與女友認識，因合入妻宮雖同居而不婚，丙戌年，辰戌沖癸水妻星沖出，被日元戊土合住，該年因祖父去世，故趕於百日內完婚。這種比肩坐夫妻宮者，結婚往往因某事而促成。我們再看一下接下的命造以資佐證。

例三：男命

偏財	戊午	丁傷官	5 丁巳
		己正財	15 戊午
食神	丙辰	偏財	25 己未
元神	甲寅	比肩	35 庚申
七殺	庚午	丁傷官	45 辛酉
		己正財	

本命火土重重，身弱喜水木幫扶，妻星早現於年柱有早婚之命。二十七歲大運爲己土正財，合入元神，謂之財來合我，已有婚緣之象，奈寅木比肩穩坐妻宮，妻星難以就位，遂於甲申年，

寅申沖，女友因懷孕有子，故於該年完婚。

例四：男命

偏印	丙辰	比肩	財庫	7 辛卯
食神	庚寅	七殺		17 壬辰
元神	戊戌	比肩		27 癸巳
傷官	辛酉	傷官	桃花	37 甲午
				47 乙未

本命癸水財星未現，年支辰藏戊乙癸，爲妻星入庫之命，看似娶妻困難之命，但大運二十七歲以後癸水財星透干通根於辰，財星有氣來合元神，於二十九歲甲申年，申酉戌三會夫妻宮，酉又爲年桃花，故於甲申年完婚。

例五：男命

比肩	丙申	偏財		5 戊戌
劫財	丁酉	正財	桃花	15 己亥

元神　丙申　偏財　25庚子
正財　辛卯　正印　35辛丑
45壬寅

本命天干比劫競透無官制之，於二十七歲壬戌年，天干壬水剋合丙丁，地支戌與申酉三會桃花入於夫妻宮，於該年完婚。對於群比爭財之命，須待歲運逢食傷順化生財或以官殺制合比劫以保護財星，方能完婚。

例六：男命

偏財　丁巳　正財　8辛丑
劫財　壬寅　傷官　18庚子
元神　癸丑　七殺　28己亥
正財　丙辰　正官　38戊戌
48丁酉

本命爲身弱傷官生財格，正財現於年柱有早婚之命，二十八歲甲申年，天干甲木通關生丙火正財，地支巳申合。這是流年合住原命正財星的看法，本造於甲申年娶大其兩歲的女同學爲妻，妻宮坐七殺，剛好驗證了身弱妻管嚴，偏聽妻語的命。

例七：男命

偏印　丙辰　比肩　3 辛丑
食神　庚子　正財　13 壬寅
元神　戊午　正印　23 癸卯
七殺　甲子　正財　33 甲辰

本命爲身弱喜火土，地支見木則不忌，妻宮午火正印，逢月時子水沖動不寧，二十九歲大運在卯，卯爲日桃花，流年甲申年，流年地支申合子辰，合到正財並化解了妻宮之沖，故於當年完婚。

例八：女命

正財　丁巳　偏財　7 辛亥
17 壬子
偏印　庚戌　七殺　27 癸丑
37 甲寅

元神　壬子　劫財　　47乙卯
食神　甲辰　七殺

秋季壬水，氣勢休囚，庚金能發水之源，但逢年干丁火剋住，故身弱喜金水，二十八歲甲申年，申子辰三合七殺入夫妻宮，已經呈現婚緣之象，喜見大運癸水剋去丁火，使得庚金得以制伏食神之力，食神乃精明之星，食神逢制，夫星方能彰顯，故當年會昏頭想要結婚，三十七歲以後一路背夫之運，家庭的經營宜用心，是運使然也。貪財壞印之局，對於金錢的處理，尤須理會。

例九：女命

七殺　辛酉　七殺　　10辛卯
正官　庚寅　劫財　　20壬辰
元神　乙卯　比肩　　30癸巳
比肩　乙酉　七殺

女命七殺早現易有早婚之象，且婚前易失貞，本命官逢爭合，夫宮又逢沖，婚姻難美之造，二十歲庚辰年，天干呈現雙鴦合，地支寅卯辰三會，解夫妻宮之沖。當年完婚。

例十：女命

傷官	辛亥	偏財	
食神	庚子	正財	桃花
元神	戊辰	比肩	
正財	癸丑	劫財	

10 辛丑
20 壬寅
30 癸卯
40 甲辰
50 乙巳

仲冬戊土，加上滿盤金水，益增其寒，寒氣重者，精神不爽，雖然面貌姣好，苦無對象，三十六歲丙戌年丙火制合庚辛食傷之性，且一片火土助身，此時大運正逢卯木官星臨運，乙酉年來論命時，筆者告知來年丙火高照剋制食傷，定有婚緣，想不到該年因朋友相親，而女方無故缺席，故臨時奉命出征，居然雙方一拍即合，於丙戌年踏上紅毯的那一端，雖然行員出身的她，信誓旦旦不嫁行員，但見到白馬王子後，還是拗不過帥哥的魅力。

這種八字不見官殺且寒氣重者，經由媒人介紹，較易成事，命盤是不會騙人的。婚後還宜積極陽光，否則家庭生活總嫌閉塞。

例十一：女命

偏財	戊戌	偏財	3 壬戌
正印	癸亥	偏印	13 辛酉
元神	甲午	傷官	23 庚申
正財	己巳	食神	33 己未

女命夫宮坐傷官，喜提綱亥水制伏，且正官藏於戌土不露，所以官星未受傷害，二十四歲流年辛酉年，夫星正官值歲，該年完成婚事。

例十二：女命

正財	丁酉	正印	4 戊申
正財	丁未	正官	14 己酉
元神	壬寅	食神	24 庚戌
食神	甲辰	七殺	34 辛亥
			44 壬子

六月壬水，己土當令，壬水怯弱，最喜金發水源，八字木火土黨多，元神身弱喜幫扶，行運

喜金水，十九歲乙卯年，卯爲日支桃花，桃花合入原命，戌爲寅卯辰三會夫宮，該年奉子完婚。

例十三：女命

偏印	癸丑	偏財	官庫	5 癸亥
正印	壬戌	正財		15 甲子
元神	乙未	偏財		25 乙丑
				35 丙寅
正印	壬午	食神	桃花	45 丁卯

本命官星入庫又逢刑，夫星飄搖，身弱財旺，喜金水木。二十四歲丙子年沖動桃花戀愛，隔年丁丑年沖動夫宮兩人分手，二十六歲戊寅年合入原命之午戌，三合桃花奉子完婚。

例十四：女命

比肩	乙巳	傷官	8 乙酉
			18 丙戌
劫財	甲申	正官	28 丁亥
			38 戊子

元神　乙巳　傷官　48己丑

正財　戊寅　劫財

元神乙木生於七月庚金銳利，雖然申藏壬水，但天干不透，生而無情，天干甲乙逢金剋火洩，地不載之，所以元神助力不大，行運喜水木忌火土金。若論婚緣，原局夫宮爲傷官剋合月令正官，婚姻即呈現不清的狀態，三十六歲庚辰年，大運在亥，沖去傷官，庚金合入元神，乃官來就我，終於完婚。

例十五：女命

正印　壬辰　正財　9甲辰

　　　　　　　　　19癸卯

比肩　乙巳　傷官　29壬寅

　　　　　　　　　39辛丑

元神　乙亥　正印　49庚子

　　　　　　　　　59己亥

傷官　丙子　偏印

四月乙木，最喜水來滋扶，喜見八字水木黨多，元神反弱爲強，反以傷官生財爲用。女命以傷官爲用者，大都才華洋溢，精明幹練。但婚姻難美，本造月日之支巳亥相沖，巳中庚金被沖出，夫星飄搖，又逢比肩爭合，雖擔任中學教師，卻苦無對象成婚。或許是上天忘了爲她安排。唉！美女若運不逢時，也不見得能嫁得出去。

例十六：女命

七殺	庚寅	比肩	9丁丑
偏財	戊寅	比肩	19丙子
元神	甲午	傷官	29乙亥
比肩	甲戌	偏財	39甲戌
			49癸酉
			59壬申

淑造七殺早現，易成早婚之象，二十六歲乙卯年，卯爲日支桃花，流年乙合原命的七殺庚金，乙庚合，夫星逢合，乃結婚之兆。這種就是夫宮寅午戌三合傷官之局，巧遇大運子水沖去傷

官，再配合流年合到夫星，才易完婚。

例十七：女命

傷官	辛卯	正官	9 丁酉
			19 戊戌
偏印	丙申	食神	29 己亥
			39 庚子
元神	戊子	正財	49 辛丑
七殺	甲寅	七殺	59 壬寅

元神爲戊土，生於七月，秋土氣寒，喜丙火暖土，但是月干丙火逢辛反怯，兩干相合化爲水通根於月令，地之卯申暗合，丙火失去其性，格成假從之格，行運喜金水木忌丁火，二十四歲甲寅年，流年走到七殺夫星，當年完婚。

例十八：女命

偏印 乙巳 劫財
劫財 丙戌 傷官
元神 丁未 食神
正官 壬寅 正印

7 丁亥
17 戊子
27 己丑
37 庚寅
47 辛卯
57 壬辰

元神為丁火，生於季秋，燥土司令，丁火傷官本性柔弱，但觀其年月木火相生，並根於地支，元神丁火逢印比幫扶轉為身強，故運喜金水。本命火土傷官，性躁無毒，壬水官星雖合日主，但原局不見財來生之，官星虛浮無力，故夫婦有情奈何天，只因官輕傷重不見財，如逢財印遭傷滅，世態紛紛總是空。本命於二十六歲大運在子，官星得地，流年庚午年，歲逢年桃花且合入夫宮，當年結婚，婚後夫妻共創事業，雖逢十年己丑背夫大運，喜其干支有印來制食護官，尚稱無礙，三十七歲後運轉庚金財運，事業、金錢，正逢生旺，奈四十歲甲申年與大運庚寅，天剋地沖，財印俱傷。古歌云：「女命傷官福不眞，無財無印守孤貧。」該年僅因財印俱傷，傷官肆虐，夫妻卻因細故對簿公堂而離婚。眞的令人感嘆那句古諺：「夫妻本是同林鳥，大限來時各自飛。」

例十九：女命

比肩	己未	比肩		11 乙亥
				21 丙子
正官	甲戌	劫財		31 丁丑
				41 戊寅
元神	己酉	食神		51 己卯
				61 庚辰
正印	丙子	偏財	桃花	71 辛巳

月上正官爲女命的夫星，今見兩己爭合，或有爭夫之象，二十四歲壬午年沖動桃花與男友情緣更深，二十六歲甲申年，天干官合日主，解去爭官之事，地支申酉戌三會夫官，於年底奉子完婚。一般女命食傷之年結婚，大多爲奉子完婚。

例二十：女命

劫財　壬戌　正官

偏印　辛亥　劫財

元神　癸卯　食神　桃花

食神　乙卯　食神

4 庚戌
14 己酉
24 戊申
34 丁未
44 丙午
54 乙巳

女命夫星正官現於年柱，或有早婚之象，今年丁亥年二十六歲，大運在戊，夫星逢食神剋制，喜見流年天干丁火有引通食神之氣，使戊土得丁火通關生助。官來合我，成就了婚姻之實，嫁了一位大其五歲的軍職男友，驗證了來的好，不如來的巧。

第七章

剖腹生產實談

在現今的社會，由於各階層專業人士的努力和開發研究，確實也爲人類的福祉立下了汗馬功勞，例如在工程界中，機器的研發，航空器的發展，爲人們節省了不少的體力和方便性，在農業界，如品種的改良，病蟲害的防治和肥料的運用，更提高了單位產量以及品質的提升，最令人感恩的是，由於醫學界的努力，不僅減輕了病痛的威脅，更大大的延長了人類的壽命……諸如此類，不勝枚舉。

所以改善人類的福祉，基本上是來自於人類知識的提升和運用，作者從事專業的命理工作，有幸的能夠分享到客人的生命歷程，從命盤的結構和行運的順逆，約略的可以推算出其個人的六親關係，以及一生的富貴貧賤和在其生命歷程中所發生的吉凶悔咎，雖然不是百分百的精準，然不中亦不遠矣！對於本章的主題，我想研習這個領域的同好們應也想過，如果以擇日的方式進行剖腹生產，豈不妙哉。這是一個相當爭議的問題，牽涉到的關聯甚廣，我想在生命科學的領域中是值得探討的，人是大自然的產物，與萬物同功，瓜熟蒂落，水到渠成，這是必然的結果，然而透過專業的理論運用，例如調整果樹的採收期，透過剪枝的技術和時間的掌控是可以控制開花期的，掌控果實的產期，可以提前或延後而增加果實的價值以增加其收益。

所以在不違背氣候的條件之下，產期的調整，確實影響著價值。所謂來的好，不如來的巧。人的命與運不正是如此嗎?如果配合的好,就能視爲好命,然試問好命者幾希?但求一個平順而已。這些年來,由於晚婚者居多,高齡產婦增加,剖腹生產的人數依比例有增加的趨勢。大抵爲人擇吉剖腹生產,乃八字學理的綜合運用。以下是從業者必須要考慮的。

一、大多數的預產期會落在懷孕後四十週正負二週內,亦即三十八週到四十二週都算是足月,但最終必須由專業的婦產科醫師,視胎兒的發育狀況來做最後的決定。

二、必須先確認胎兒的性別,以利排出大運,然後視大運的方向,再來決定日與時以配合命盤的喜忌,行運最好能生扶命局的喜用。

三、家庭的和諧是社會安定的基礎,對於配偶星和配偶宮須特別的注意,尤其四柱之間宜避免沖剋。

四、八字避免過寒過燥等調候不良之因素,以及有病無藥或身弱無輔或身旺無依之命,盡量避之。

五、原局的喜用神避免被合、被沖,因爲原局喜用損傷又無救應之神,就算運途順利,亦無善果。

雖然受託爲人擇吉剖腹生產，條件上只有預產期之前的十五天內，年柱、月柱皆已固定，大運依月柱推排也是固定的，命理師能做的僅有挑選日柱與時柱，來與全盤配合，這需要深厚的功力和預產時間的配合，富貴之命其實是可遇而不可求的。然而要將一些不必要的傷害降低，應是毋庸置疑的。我的一位朋友其八字爲辛丑、己亥、丙午、己亥，在政府機關擔任總務工作，我常笑稱若是能提早四個時辰即乙未時出生，元神就不那麼虛弱，恐怕要謀個官職是輕而易舉的。

總之，命局的看法除了本書前面所論述的情形外，對於用神格局高低的看法，就以《子平眞詮》的有情無情，有力無力的說法最爲貼切，其義理雖然艱深，但仍可理出個頭緒，藉著本篇我們來一起探討命格的高低和富貴貧賤的看法，以提升論命的功力。

第一節　命格高低的看法

用神格局的高低影響著個人成就的大小，有人終身碌碌從事於基層工作，縱然走好運，也祇是平順無波也無大作爲，有人平生位居要職，所作所爲影響它人甚深，其理全在一個用神格局的高低，這也是研習命理者必須下的工夫。所以前輩沈孝瞻先生說格局的高低全在於「用神」是否有情無情，有力無力而已。「用神」是什麼呢？用神就是八字中所用之神，這用神的功能，可使命局中的五行得以中和，或使其命局中的五行得以流通而不滯塞。至於取用神的方法有扶抑、病藥、調候或通關等四種，從八字中所找出的一字，就是用神，用神就是一種精神，一塊瑰寶，是生命的精靈，千萬不可被破壞，如果這個用神逢左右相生或有根，且接近日元，這就謂之用神有力，若藏於支中而不明現，則力量不足，就須待運程扶助，方能有所作爲。如果用神取自於月令當旺之氣，稱爲眞神得用，其力甚強，富貴自是高人一等。

總之，有力無力的看法仍具有下列特色：

一、得用：例如「衆煞猖狂，一仁可化」，即八字官煞太重，剋身太過，而見印星於提綱或於月干通根以化煞生身。或見「一將當關，群邪自伏」，亦即八字官殺雜亂，但日元不弱、得一食神制伏。或比劫太多得一官殺制之皆是。

二、當旺：即用神取自於提綱，或月支所藏之神透於天干，且適於命局之喜用。

三、用神要有根，即臨於長生、祿旺之地，或庫根、餘氣。

四、喜用神在干支中，能干支相生或左右扶持。

例一：男命

七殺	甲戌	比肩	丁卯
			戊辰
偏印	丙寅	七殺	己巳
			庚午
元神	戊寅	七殺	辛未
			壬申
偏印	丙辰	比肩	癸酉

原神爲戊土，生於初春，木神司令，並透干於年上，七殺得時得地，元神虛不受剋，喜見丙火爲通關用神，貼身化殺以扶身，並通根於提綱寅中之丙火，此種殺印相生，用神有力者，縱然行逆用神的庚運，因丙火回剋而無礙，故能享現成之福，一世安樂。

例二：男命

比肩	庚寅	偏財	10丁亥
			20戊子
七殺	丙戌	偏印	30己丑
			40庚寅
元神	庚辰	偏印	50辛卯
			60壬辰
比肩	庚辰	偏印	70癸巳

元神爲庚金，生於寒露後三天，辛金尚有餘氣，地支三土和天干兩庚生助日元，元神強旺，身旺足任財煞，故行運喜木火，今見原局用神丙火通根於年支寅木，且寅戌拱合午火，此種不見之形，其力甚大，是以丙火獨殺出干有力，謂之「一將當關，群邪自伏」貴氣甚大。可惜的是鍛鍊庚金成器，喜爐冶的丁火，方成妙器。本命元神庚金逢火鍛鍊，本就器皿天成，但總嫌粗糙，由於丙火用神貼身有力，庚辰年因丙火回剋，七煞得用，險中求勝，甲申年，庚金劈甲引火，火愈旺用神得力，然寅申之沖，喜神受傷，成中有敗，兩顆子彈全國譁然。原局因財星不透，故社會性稍欠完整，夫妻宮辰戌之沖，乙木正財沖出，故有刑傷妻子之兆，六十歲大運爲壬，壬運剋

用神丙火，是非難免，己丑年洩了丙火之氣，操心無奈恐難避免，誠乃命哉。

例三：男命

偏印	壬申	七殺	8 己酉
			18 庚戌
偏財	戊申	七殺	28 辛亥
			38 壬子
元神	甲子	正印	48 癸丑
			58 甲寅
偏財	戊辰	偏財	68 乙卯

本造如果根據農民曆所附的袁天罡先師神數命理秤骨輕重方式查其共重四兩三，詩云：「此乃財祿厚重白手成家之命也。」格評爲：「爲人心性最聰明，做事軒昂近貴人，衣祿一生天數定。不須勞碌是豐亨。」孩子的出生是一位老師所選定，爲何會選出這個日子，令人費解，或許是上天自有安排，或許在擇日的理論中，總認爲合就是一樁好事，依此而定吧！眞令人擲筆而嘆。本造先看行運一路金水大運，命盤的喜用神，最好以金水爲用，方能平順無波。今再觀原局

略述如下：

七月甲木，枝枯葉乾，最宜鋼金修削，以成棟樑之材，然地支申子辰三合水局透干於年上，庚金之氣洩於水中，格成水多木浮，故喜土來止水培木。然八字中月時戊土坐於水上，有水多土蕩之危，八字又不見丙丁火生扶戊土，此乃用神無力之造。平生僅己運、戌運，元神方能安定。本造以印星爲忌神，但財星無力制之，加以行運不佳，故讀書不力，申子辰三合爲忌神者，因印星太旺，往往理想高而不務實際，八字不見食傷故表達能力不佳，印星太強，所以自恃甚高，依賴性強，令母親非常頭疼。再看其往後行運，眞的是與袁天罡先師的秤骨輕重詩詞大異其趣。若依命學理論，擇當日出生者亦宜挑選丙寅時，果眞如此，則甲木根深，陽和氣暖，生土有功，格局就完全不同了，兩個時辰的差別，一生行事風格就截然不同，爲人論命者當有所悟！五行之性，決定了個人的稟賦和行事風格，風格決定了處事的方式和見解，故而影響了日後的成就。

例四：女命

七殺	癸卯	偏印	2 丁巳
劫財	丙辰	傷官	12 戊午
元神	丁未	食神	22 己未
正財	庚戌	傷官	32 庚申
			42 辛酉
			52 壬戌
			62 癸亥

元神丁火生於立夏前二日，戊土司令，地支三土洩弱元神，身弱喜木火幫扶，月上丙火通根於戌未，唯戌未相刑，根基動搖，又逢年上癸水晦丙火，用神損傷，格局不美，七殺夫星與日主遠離，夫星不僅剋犯用神且氣洩於卯未，加以食傷黨盛，磐據夫宮，使夫星無法進駐，意謂著本命婚姻不美。

所以命主於二十三歲乙丑年奉子完婚，但是這年丑未沖，沖動夫宮，且辰戌丑未全到，三刑逢沖，傷官肆虐，在結婚一個月後，先生車禍身亡。所以面對女命在感情的這一部分，對於傷官與偏印的特性，尤須在意，能避則避，不能避則要命中制化得宜，以免徒增困擾。同樣的對於男命亦須避免比劫過旺，旺者宜洩之，取食傷生財爲妙，總之命盤宜求得一個中和與流通。

第二節 富貴命的看法

《滴天髓》云：「何知其人富，財氣通門戶。」是指命局中的財星得令、得地或得勢，祇要配合有情，如下列的情形皆有機會稱為富命。

一、身旺財旺，原局見食傷來生財，或官殺護財。

二、身旺印多有食傷，原局見財來壞印者，這種以食傷生財為喜用者，運逢財運則發財。

三、身弱財旺，原命見比劫，大運逢印比幫扶之運，也能取富。

四、從兒格見財，或從財格者較易致富。

總之，粗淺的看法是八字命中要見財，而且財星要有氣，若原局財星不逢沖剋，再配合大運，身強者行財運發財，身弱者行幫身之運也能發富。

例一：男命

十神	四柱	十神	大運
七殺	己卯	食神	2 乙丑
			12 甲子
正財	丙寅	傷官	22 癸亥
			32 壬戌
元神	癸亥	劫財	42 辛酉
			52 庚申
偏印	辛酉	偏印	62 己未

本命正財丙火通根於年月日三支，其勢甚旺，元神癸水，雖逢坐下亥水和時柱辛酉幫扶，但較於剋洩之力仍顯不足，故身弱，喜土金水之運扶身，妙在月時財印相涵，而無緊剋爭戰之憂，早年行水木之運，富家幹才，交遊廣闊，財進財出，三十七歲以後，一片土金大運，助起元神，經營娛樂事業致富，金錢、事業兩相宜。身弱而原命印星透干有根，運行官殺之運，因有印星轉化，事業有成就之功，不可一概的認為身弱不喜官殺剋身，讀者宜辨之。

例二：男命

十神	四柱	十神	大運
偏財	戊戌	偏財	11 乙卯

比肩　甲寅　比肩

元神　甲寅　比肩

劫財　乙亥　偏財　劫煞

21 丙辰　31 丁巳　41 戊午　51 己未　61 庚申　71 辛酉

元神甲木，生於初春，寒氣尚重，八字水木重重，不見丙火陽和之氣，似有陰濃濕重反損生機之嘆，年柱戊土偏財雖然高透，但不見丙火生之，反見甲木比肩緊鄰近剋，故有群比爭財之兆，一生華而不實，起落不一，因財惹禍之命，命主從二十九歲起，從事二胎放款業務，財富累積甚快，並與朋友合營徵信社，在二十九歲到三十三歲之間，大運流年一片火土順用神之運，財運甚佳，然而吉神太露，易起爭奪之患，八字無官護財，又不見食傷轉化比劫之爭，且原局劫煞爲忌神，所以一生對於金錢和女人的對待劫來又劫去。據其所云，花在女人身上的開銷就有數百萬之多，到頭來金盡人去，這種不問是非，有錢就撈，撈了就花的個性，驗證了群比爭財的特性，至今尚孑然一身，勸其得饒人處且饒人，千萬不要趁虛而入，趁火打劫，不義之財，終受天遣。五十一歲以後甲己合而不化，群比爭財，因財惹禍，恐難避免，這種發過之命，若不知惜福保泰，散財助人，當好運遠離則橫禍連連，知命者豈不惕乎。

至於貴氣之命，也不一定是指當官之命，廣義的說，是指因某一方面的成就受人肯定，具有服務他人、受人景仰、疏財助人之能者，就可謂之貴命。《滴天髓》云：「何知其人貴，官星有理會。」官星在十神中的定義是指凡是管制我、約束我、考驗我者，皆屬之。正官爲剋我之神，如果控制得宜，反有成就之功；這裡的官星有理會是指官星得時得地，配合有情且適合日主之需要。

通常若有下列的情形皆可視爲貴命：

一、身旺官弱而見財來生官，且財官要緊鄰或上下相生。
二、身弱官旺而見印星貼身護衛有情。
三、劫重財輕而見官星有力制劫者。
四、身弱財星壞印，而見官星引通財星來生印者。
五、日主不弱，見食神制煞者主掌權貴。
六、傷官本有剋官之嫌，但有印來制伏傷官（傷官佩印）者。
七、傷官傷盡的格局。
八、從殺格者。
九、以上種種也要行運配合原局的需要，才有機會發揮。

例三：男命

正財　戊辰　正財

偏財　己酉　七殺

元神　乙亥　正印

劫財　甲申　正官

庚戌
辛亥
壬子
癸丑
甲寅
乙卯
丙辰

元神乙木，生於仲秋，金神司令，八字土金相生，元神弱矣，喜行幫扶之運，行運喜水木，忌火土金，最妙者坐下亥水印綬，引通官殺之氣，且時干甲木根於亥水，此爲藤蘿繫甲，可春可秋，所以早歲土金之運，出身寒微，亥運化殺扶身苦讀有成，壬子大運順其喜用，科甲聯登，癸丑好壞參半，甲寅、乙卯大運助起元神，官拜侍郎。

例四：男命

食神	己卯	偏印	5 己巳
正財	庚午	比肩	15 戊辰
元神	丁亥	正官	25 丁卯
正官	壬寅	正印	35 丙寅
			45 乙丑
			55 甲子
			65 癸亥
			75 壬戌

五月丁火，火旺秉令，地支一片木火幫扶元神，元神身旺能任財官，行運喜金水、忌木，月干庚金雖逢土金，唯燥土難以生金，喜見坐下亥水有潤午中己土之功，庚金得生，就能生起官星，用神壬水來合元神，平生好名聲，重面子，喜用站兩頭，貼近日主，格外有情，惜乎日時地支寅亥之合，官星不清，全是寅印之害，寅爲印綬，印爲慈悲，印爲多慮，在這個成者爲王，敗者爲寇的政界，如此慈悲卻洩了官氣之威，也難怪在其政治資歷如此的完整下，歷任縣長、公賣局長、內政部長、台北市長、總統府祕書長、資政、黨主席，總差那臨門一腳，觀其一生恢宏大度，翩翩君子，自娛娛人，避開了是非之禍，誠也命哉。這種以官星爲用神者，逢傷官之運，卻見原命有財轉化而生官者，大都一生無險，平順如意。

第三節　凶亡夭殤的看法

所謂的凶命，通常是指受到挫折或意外事故，或重大的痛苦，是一種很負面的人生。至於夭殤之命，意指生命短促，這些都是人生在世最不願意見到的事，所以為人擇吉剖腹者，應有這方面的認識，茲分述如下：

《滴天髓》云：「何知其人凶，忌神輾轉攻；何知其人夭，氣索神枯了。」凶命與貧賤之命不同，貧賤者大都用神無力，加以行運不助用神，才會落入貧賤之命。而凶命者大都是原命喜用受傷，又無救應之神，亦即有病無藥之命。通常在命中凡是見到沖剋喜用的十神稱為病神，如果凶亡之命的病神，不能去之，若行運再逢忌神連攻，難免損枝折葉，甚至有自殘、橫禍等不得善終的結果。

至於夭傷者，大都日主過旺無依，或喜用受傷或被他神合去，或日主太弱，又不能以從格論之者，若加上行運逢逆用神之運，體用受傷，生機滅絕者為「氣索神枯」，逢此命者除了帶病延年，或終身殘疾相陪者，大都難逃命運的捉弄，因此若要避其凶亡夭殤之命，至少應該避免下列情況：

一、避免四柱之間的沖剋現象。

二、避免喜用神遭到原局的破壞。例如元神身弱而官殺重重不見比劫幫身，勉強用印化煞生身，卻逢財星壞印，則用神受傷矣。再如元神身強以財爲用，而原局財逢比劫分爭，八字不見食傷洩秀生財，或官殺護財，如再逢比劫之運，容易發生因女人或金錢之事的糾紛，此爲群比爭財，若不破財消災，恐要九死一生，大病一場。

三、原命忌神太重，不見制化之神，出生後恐有非夭即殘之兆，除非藉著現代醫療之助，但破財消災總難避免了。

四、五行偏枯，調候不良，生機寒凝，或母慈滅子之命，亦宜避之。

例一：男命

正官	乙酉	傷官		5 戊寅
劫財	己卯	正官		15 丁丑
元神	戊子	正財		25 丙子
比肩	戊午	正印	桃花	35 乙亥
				45 甲戌

元神爲戊土，生於仲春，木神司令，透干於年上，元神雖有月時戊己土幫身，但年月二柱天剋地沖，日時子午之沖，沖去喜用火土，全局根基俱損，又不見救應之神，僅能視其行運是否有救，幸二十九歲之前一路火土幫身之運，尤其是十歲至十四歲寅午合火，二十歲至二十四歲子丑合而解沖，重病得藥，這種有病方知健是仙的感覺，使其學業順利，畢業後擔任律師工作，子運沖動桃花，但流年丙辰、丁巳、戊午，喜用之年尚稱順利，四十歲大運轉亥，乃財殺生旺之地，流年甲子沖剋集喜用於一柱的時柱，竟然病逝。此乃《滴天髓》所云的「何知其人凶，忌神輾轉攻；何知其人夭，氣索神枯了。」

例二：男命

偏財	丁酉	偏印	4 辛亥
劫財	壬子	比肩	14 庚戌
元神	癸亥	劫財	24 己酉
偏財	丁巳	正財	34 戊申
			44 丁未
			54 丙午

元神為癸水，生於仲冬，八字金水偏旺，日干強，喜木火。時柱丁巳與日柱癸亥天剋地沖，正意謂著事業、妻財兩傷，用神丁火孤立無依，原局不見食傷生財，又無官星護財，所以平生財來財去，因財起盜心，易因財惹禍，祇因劫比無制，平生六親無緣，夫妻不睦。十八歲之前一片金水逆用神之運，益增其寒，國中輟學後，四處遊盪，賭博打架殺人被判刑三年，出獄服完兵役後，從事飼料業務，適逢丙寅、丁卯流年，合入坐下亥水解其原命的巳亥之沖，丁火偏財有力，財星得用，故財源廣進，從此醇酒美人常在懷，極盡奢華，三十三歲己巳年與日柱返吟，破產遠避泰國，戊申大運顛波困頓，四十四歲以後火土齊來，在國外以老華僑身分遊說台灣的投資客利用其人頭戶投資，一旦入其手中，必死無疑，全無仁禮之性矣。

《滴天髓》云：「最拗者西水還南，亦即沖奔之水，如無木順洩，或戊土止流，而強拗以火來沖剋，勢必水火難容，一生履空，常在是非中謀財。」

例三：女命

偏財	戊戌	偏財	7 己未
			17 戊午
七殺	庚申	七殺	27 丁巳

元神　甲戌　偏財　37丙辰

　　　　　　　　　47乙卯

傷官　丁卯　劫財　57甲寅

元神甲木，生於七月，氣勢臨絕，年月土金相生，金氣愈旺，時支卯木合戌爲火透於時上，元神剋洩交集，從之不過，生機盡損，所以命主生下之時，雙腿畸形，發育不全，在其三十二歲辛巳年，向吾透露其八字時，令人愕然與心疼，吾安慰其說：「既然都是學習五術之人，應知五行之道，身弱無輔之人，以帶病延年者居多，雖然上天讓妳身體行動不便，或許有其目的，從此避免了妳許多不願發生的事件，目前妳的兄弟對妳照顧有加，讓妳體會到人間更多的溫情面，或許也算是一種另類的幸福。」

例四：男命

劫財　乙酉　正官　6丁亥
偏財　戊子　正印　16丙戌
元神　甲子　正印　26乙酉
偏印　壬申　七殺　36甲申

元神甲木，生於仲冬，木性生寒，八字金生水旺，益增其寒，原局不見丙火，月干戊土虛寒無根，且戊土逢甲乙近剋無救，用神受傷，成了氣索神枯之象，早運火土之運尚佳，四十歲大運在甲，流年甲子年，歲運併臨，剋去戊土，若以十干來代表臟腑，如古歌云：「甲膽乙肝丙小腸，丁心戊胃己脾鄉，庚是大腸辛是肺，壬係膀胱癸腎臟，三焦亦向壬中寄，包絡同歸癸水鄉。」因爲戊土代表胃，所以該年死於胃癌。

第四節 擇吉剖腹的應用

《道德經》第二十五章說：「人法地，地法天，天法道，道法自然。」人爲地球所載，故人當法地。來看看我們賴以生存的地球。它週而復始的運轉，受六氣的變化，日月運作的結果，而產生了變化，不論是春、夏、秋、冬季節的更替，還是高山、平原、湖泊、海洋等地形的變化，都孕育著各類其所的生命，在在的顯示著地球是屬於多樣化、豐富化的生命體。再看看我們人類，由於聰明才智的不同、生活地域的不同、人格特質的不同……等，而士農工商、而貧富貴賤。一般人認爲這是教育的結果，命理學家認爲這是命運，宗教家則認爲這是上天所創造，儘管如此，爲了人類的福祇，各個在專業領域的人材，無不各盡其能，貢獻所長。爲人類的福祉貢獻一己之力，市場上也流傳著一句話，不要輸在起跑點上，但不論是何種論法，不適當的教育方針，不僅事倍功半，也窒礙了多少幼小的心靈創作的機會。

一個好友的孩子其八字爲甲子、丙子、乙酉、己卯，呈現一片水多木浮、奔波之命，所以讀書無法專心，工作不能長久，好友甚爲其往後的日子擔心，我也半開玩笑的戲稱，此兒若是生在游牧民族中，定然是一位馬上英雄，正符合了其喜好奔波的個性，要不然就是再晚一天出生，爲丙戌日，格局就大大不同了。唉！這就是命。

所以在中國傳統的術數之學，總脫離不了兩件事，就是時間與空間的運用。簡單的說，好東西、好人才如果生不逢時，就顯不出其價值，相反的，一個不起眼的人或物，如果時空配合的好，適時的被需要，就能有所貢獻，命運之學是一部運用在人的學問，我們深信生命是永恆的，這一生祇是恆久生命的一部分，命盤中的六親關係，似乎也意謂著在冥冥之中都是一種緣，到底是父母自然的生下了我，還是因我領受了生命去找了適合我生命的父母，值得再深思。

如果讀者們相信命運之說，譬如從八字可以看出六親關係，看出大概的容貌……等等，我可以很肯定的說，生命始於胎兒，何時出生似乎也是個定數，哪怕是擇吉剖腹似乎也早已安排，例如錯過選定的產期，例如老師的種類與專業等等，或者說要在短短的預產期間內，選出妻財子祿、壽與天齊的吉日，實在是可遇不可求，但是對於一個深諳命理的老師，似乎可以避掉讓人產生不幸福的因素，例如不宜見到群比爭財、傷官遇官、三刑逢沖……等等，此種對於個人命運的提升，對於日後教養的方便，皆有絕對的助益，所以剖腹生產的擇日可否，端看是否運用的方法正確和婦產科醫生的認定胎兒是否安全而定，那麼求得一個平安、活潑、和樂的孩子，應是毋庸置疑的。

現在就以今年遇到的一個實例來說明，並述其作業方式如下：

一、確立預產期以及胎兒的性別

客戶提供：民國九十六年國曆七月五日為預產期，男生。

二、依據年月排出命盤和大運

年：丁亥　乙巳

月：丙午　甲辰

日：◯◯　癸卯

時：◯◯　壬寅

辛丑

庚子

己亥

這個命盤先天，已呈現了火氣太旺，研習命理者皆知，旺神宜洩不宜剋，且五行不宜太偏。再則大運的鋪排，壯年之前一片水木之運，爾後一路土金大運，大運乃是個人一生必經的運途，最好能配合命局的需要而定，所以初步的判斷，適合以金水為喜用的命來配合。

三、以預產期前二週為擇日的開始

九十六年六月二十一日丙戌日：比劫太旺易爭財。

九十六年六月二十二日丁亥日：比劫太旺且年日同宮鳳凰池，婚姻不利。

九十六年六月二十三日戊子日：火旺土燥且沖動夫妻宮，妻星不利。

九十六年六月二十四日己丑日：陰濕之土晦旺火，擇吉時配合，喜金水。

九十六年六月二十五日庚寅日：官殺太旺，火爍金流，奔波命，易犯小人。

九十六年六月二十六日辛卯日：木火並旺，辛金易熔，身弱難養。

九十六年六月二十七日壬辰日：身弱財旺，讀書運不佳，智慧晚開，讀書則頗費周章，母親辛苦。

九十六年六月二十八日癸巳日：火旺水涸身弱財旺，讀書運及體質不佳。

九十六年六月二十九日甲午日：洩身太過，難養叛逆。

九十六年六月三十日乙未日：木從火勢，洩身太過，年支亥水，從之不過，身體差。

由以上的說明就以九十六年六月二十四日己丑日較爲順當，時辰以壬申時或癸酉時來配合，

其命盤如後：

		7	乙巳
偏印	丁亥	正財	
		17	甲辰
正印	丙午	偏印	
		27	癸卯

元神　己丑　比肩
正財　壬申　傷官

37壬寅
47辛丑
57庚子
67己亥

五月己土，火土炎熱，最喜坐下丑土洩火生金，時柱壬申有如清涼之劑，金水支配有情，財印相涵，父母有力，富貴雙全。《滴天髓》云：「何處起根源，流到何方住，機括此中求，知來亦知去。」從月令午火起源頭，沿著日時地支一路相生，收局爲壬水用神，此源頭流住之地即是山川結穴之所，結穴之地既爲美穴，則此命佳矣。再觀行運，不見戊土剋犯用神，堪稱佳美之命。

偏印　丁亥　正財
正印　丙午　偏印
元神　己丑　比肩
偏財　癸酉　食神

7乙巳
17甲辰
27癸卯
37壬寅
47辛丑
57庚子
67己亥

本造與前造大致雷同，前造壬申時，壬爲江河之水，若要灌溉田園還需溝渠工程，稍需費力，但水自坐長生，持續力久。癸酉時，癸本爲雨露之水，天降甘霖，福享天成，最宜己土，日時酉丑半合金局，洩秀生財，格外有情。且再觀行運十二歲至十六歲巳運與原命巳酉丑三合金局，二十二歲至二十六歲辰酉合爲金局，食神吐秀之運，讀書成績分外亮麗，日後成就亦易輕鬆取得，優勢在於其能配合潮流掌握先機。缺點是八字無官煞，所以自主性較高，對人較無防衛之心，可從教育上加強前人的經驗和歷史的教訓上下工夫。

根據經驗，似乎在出生的剎那間就決定了生命體的稟賦及往後行事的風格，這些都影響著日後成就的大小，經常觀察到同屬一個家庭的兄弟，同樣的家長，同樣的小學，同樣的教育方式，同樣的時代背景，而性格及作風差異甚大，許多家長不知其所以然，而以澆灌的方式來教育，造成兩代間的誤會，喜歡用比較的方式，更造成了兄弟間的不和，傷己又傷兒。悲呼！一味的以科學的方式來詮釋這個屬於哲學的領域，無異於以竿勾天，虛耗能量，吾多年的參研與實證，有不吐不快的衝動，故向老祖宗借膽述出源由，希望能給對於高齡產婦必須剖腹產者，提供一個建議，多一個選擇。

第八章 客問答

第一問：辛亥日，日坐傷官，是不是對婚姻不力，為什麼？有人說這是一個剋夫命，我好怕，我真的不想剋我所深愛的人，有救嗎？

儒霖老師：

在八字的看法上，對於六親宮位的看法是以日支做爲夫妻宮位，對女命來說夫妻宮若見傷官，那麼對於日後夫妻之間的相處就需更加的費心經營，因爲傷官之名的由來就是「傷害正官」而正官又代表女命的夫星，所以才有對於婚姻不利的說法，在八字術語中「剋」代表相戰，祗有勝負之意、沒有生死之謂，在五行生剋的道理中，有所謂的相生以序，如金生水，水生木，有相剋以成，如水火既濟，金木相成，也就是因相生而循環不絕，因相剋才有節制，才知進退。知命的目的貴在接受與臣服，如何在眞實的自我與現實的環境中取得一個和諧，是我們此生修習的課程。夫宮爲傷官，使得夫星無法進駐，肇因於傷官之性坦率直言，而眞話傷人心，了解了自己的人格特質，並知悉行運的順逆，樂觀面對，很多事情是可以預防的。就如同我們在做防颱的準備工作，多一分防範，就會減少一分損失，再惡劣的階段都會過去的。在此我彙集了前輩的建議，在擇偶的時候可以提供做個參考。

一、年齡相互差距大，宜相差五歲以上。

二、地域差距大，如異國婚姻，異省婚姻。

三、身材差異大，如胖女瘦男，高男矮女之類。

四、選擇集團結婚。

五、選擇妻宮爲比劫之男性。

六、選擇喜歡成熟大姊型的男性。

七、選擇因職場上，可以預見日後易聚少離多的婚姻，如軍警人員之類的爲配偶。

八、分床睡臥避免同被而眠。

雖然追求完美幸福是任何人追尋的目標，但對於日坐傷官的女命，在感情的這一部分，似乎有幾分無奈。書云：「女命傷官福不眞，無財無印守孤貧。」這裡的財又可引伸爲通俗不計較的個性，印又代表著寬容的愛。命理的呈現是一種徵兆，而不是一個必然，在心性上透過學習成長，本來就可化解許多難題。在此我願舉一個眞實的命例與妳分享。

女命

正印	戊戌	正印	4 甲寅
偏財	乙卯	偏財	14 癸丑
元神	辛亥	傷官	24 壬子
食神	癸巳	正官	34 辛亥
			44 庚戌
			54 己酉
			64 戊申

這位女士爲偏財格，生性樂觀，生於辛亥日，日坐傷官、而且夫妻宮又逢巳亥之沖，宮位動搖，看似具有離婚之命，或許是月令偏財天性樂觀化解了傷官之性吧！事實上在三十歲以後的壬子大運中，食傷當運，她的那位帥哥老公，酒量佳，女人緣也佳，夫妻間的關係異常惡劣，爭吵就如同家常便飯，但第二天又繼續從事送報的工作，壓根不會想到離婚之事，其重心放在孩子的教養上，如今兒子在消防隊工作，老公亦早已倦鳥歸巢，守著家人，一家人其樂融融，令人不得不讚佩這位傳統的女性，徹底的發揮了母性的光輝，戰勝了命運的捉弄。

或許老公是個帥哥，或許是因子女太可愛了，這雖是她的直訴，但根本上可以聽出她深愛她的家人，不論外人怎樣看，那份愛就是一種執著，一個無怨無悔不計較的特性，成就了這個家庭的完整性。在陰陽學的架構中，男人如天，女人如地，天清地濁，濁則能含養萬物，所以在一個家庭中，女人是絕對的主角，應該要被尊重，女人的愛是超越一切的，我們應知道，當有了愛就不會去計較一切了。

第二問：梟印奪食，真的這麼嚴重嗎？魁罡的女生真的不好嗎？還有辰戌沖是庫沖嗎？請問對此命盤而言，該注意些什麼？

食神	丙戌	偏財	11辛卯
			21庚寅
偏印	壬辰	偏財	31己丑
			41戊子
元神	甲午	傷官	51丁亥
正官	辛未	正財	61丙戌

儒霖老師：

本命生於立夏之前四個時辰，木氣將竭，辰戌之沖，把幫扶元神的水木沖出，加以地支一片火土，陽盛木渴，宜見壬水透干來濕土潤木，則枝葉始能茂盛，最恨者辰戌之沖，沖破了水庫之水，使壬水易竭，難制年干旺火，故身弱，喜水木，忌火土，所以本命喜印星高透來制食傷，何來的梟印奪食之說呢？蓋梟印奪食一詞，大多數是針對身強喜洩，以食神爲用神者而言。如果身強，柱中偏印近身，剋去食神，使元神無處渲洩且益增其旺，形成有生無洩之命，一般命犯梟印奪食者，大都始勤終惰、性急量窄、浮躁不安、少智多慾、百事難成。其象徵的意義與「用神不可傷，不用傷之總無妨」的道理是一樣的。小女生之命，並沒有梟印奪食的問題，請放心。

再說「魁罡」，八字論命以日柱爲準，凡庚辰、壬辰、庚戌、戊戌四日生者，稱爲命帶魁罡。古歌云：「魁罡之人性剛強，鬼神愁立此身旁。」就不難想像命帶魁罡之人，皆具有強烈的性情，爲人剛毅不服輸，其圓融度、協調性不佳，較易得罪他人，原命壬辰在月柱而不在日柱，故不能說是命帶魁罡。

庫者，一般係指辰、戌、丑、未四庫，例如辰爲水庫、戌爲火庫、丑爲金庫、未爲木庫；經云：「財官印綬全備，藏蓄於四季之中，例如辰藏戊乙癸，其中戊爲本氣，乙爲餘氣，癸爲水庫，如以甲日干來說，癸爲印，戊爲財；以辛日干來說，戊爲印，乙爲財，以丙日干來說，乙爲印，癸爲官……」因其三氣藏於四庫之中，辰、戌、丑、未配合十干日元，多成爲其財官印綬，故稱爲雜氣，雖然古書有云：「不沖不發庫中人。」其實也未必正確，如果甲乙日干身旺喜財，而辰、戌、丑、未皆可類化爲財，如逢沖則土愈旺矣，身強能任之，故喜沖。子平眞詮有云：「干以通根爲美，支以透出爲貴。」今原命壬水本以通根辰庫爲美，卻因辰戌之沖，微根盡損，此爲命格之病，病在辰戌之沖，所以針對原命給您幾點建議：

一、書云：辰戌好鬥，故個性堅持，易據理力爭，得理不饒人，且原命火土燥熱，易受外在環境激怒，所以幼教學習宜加強耐性的培養，如書法的練習、觀察植物的成長、建立任何事情的成果，皆需要有時間配合的觀念，凡事並非一蹴可成。這是一個很重要的觀念與心態。

二、原命喜印和比劫，印主文學、知識。比劫爲朋友、同學，俗謂一個籬笆三個樁，一條好漢三個幫，所以在學習成長過程中，宜多涉獵知識並同時建立人際關係，在學期間宜多參加社團活動，接觸更多的人，讓彼此可以互相的學習。

三、在六親關係中，因年月兩柱天剋地沖，根基已損，與祖先緣薄，難獲祖蔭，命局爲身弱難任財，但偏財有力坐月令，故父嚴有威，但恐有愛之不切實際，而加重女兒的心理負擔，以印爲喜，母親有助，做媽媽的尤需費心栽培，鼓勵重於責罰。

四、四歲之前火土流年，身體不佳，腸胃燥熱，易哭鬧，金錢花費多，五歲以後金水齊來，流年較佳，其大運三十歲之前庚辛大運有印轉化扶身，學業不錯，寅卯大運解去原局辰戌之沖，病中得藥，自然順遂平安，平生基業須於此運建立，三十一至三十四歲大運逆用神，宜保守面對，不宜遠行，行車宜注意以避免三刑逢沖之事。買個保險破財保身。

第三問：小女何以如此命苦，老公是船員，經常吵架，還打過我，撕了我們的結婚證書，心都碎了，弟弟還在讀書，母親也退休了，我必須承擔家裡的經濟，我該離婚嗎？目前擔任行政的工作，工作和生活上的壓力都很大，家裡的苦，說不完，工作的難，道不盡，難道我的命真的不好嗎？我該怎麼做呢？

七殺	壬戌	食神	15	丁未
傷官	己酉	正財	25	丙午
元神	丙午	劫財	35	乙巳
正官	癸巳	比肩	45	甲辰

儒霖老師：

其實我們生活在世上，沒有人可以平順的過一生，人生本來就是一連串的問題，解決了這樁，另一樁又會接踵而來，就好像目前居高不下的離婚率，離婚的男女解決了當下的苦，但面對的又是另一層的不便，站在命學的角度，我認爲這都是元神所安排的整個生命計畫，這包括了妳的病痛、災禍、婚姻、家人，這其中有悲痛、有喜樂，雖然我們都知道頑鐵成鋼必須千錘百鍊，蝴蝶的美，也要經過那閉塞蛻變的過程，但爲何不去忍耐熬過呢？

把眼光放遠一點，不要專注在自己的痛苦或者問題上，因爲那會讓妳變得更爲沮喪，很多事情都要看得開，而看得開的祕訣就是要提醒自己痛苦是短暫的，獎賞才是永遠的，生命是永世的，現階段的一切皆是自我元神的安排，其目的都是藉著種種生活上的歷練，期望性靈可以得到一個和諧，並增加其成熟度。可以懼怕，可以發洩，但要學會面對與解決。

從命盤看出妳的元神屬丙火，生於仲秋，丙火尚有餘威，壬水高透於年上，本有日落西山、餘光輝映於湖海之美景，惜乎月干己土傷官通根於年日，其力不弱，有己土塞壬之象，七殺夫星逢剋，居於年干遠離元神，妳先生既是船員，也意味著你們平日聚少離多，所以這個婚姻似乎冥冥之中就有安排，夫妻間的結合，本來就是命運的共同體，為了家庭的理想，夫妻間難免會有爭執，老天每年中總有幾陣雷聲，夫妻豈能不爭吵，妳傷官氣盛，易得理不饒人，個性若不調整，傷害的是自己和心愛的人，二十七歲流年戊子，夫宮子午沖，夫星壬水被戊土所制，該年宜忍，否則易生婚變。

如前所述，人生如戲，戲如人生，每個人在其生活的領域中都會有一點痛，祇要心中有愛，愛妳的子女，接受元神的安排，享受突破困境的過程，其實也是一種喜悅的成就。任何一種事情的發生都有其由來與目的。成功者的背後，其實也都隱藏著過去的艱辛，祇是妳不知道而已，擴展妳的人際關係，擴展妳的視野，眼光放遠一點，不要執著於那個痛點。祝福妳。

第四問：去年八、九月間與朋友合夥租間店面經營咖啡店，但因生意一直不好，沒有賺錢也沒領薪水，店裡的工作幾乎都自己在做，合夥的朋友也都散散的，今年七月終於退出不做了，請問我適合自行創業開餐飲類嗎？還是乖乖去上班比較好呢？這幾年有婚緣嗎？

劫財	甲子	偏印	
正印	壬申	正官	
元神	乙酉	七殺	桃花
正財	戊寅	劫財	

5	辛未
15	庚午
25	己巳
35	戊辰
45	丁卯
55	丙寅
65	乙丑

儒霖老師：

做生意的主要目的就是要賺錢，從妳的命盤來看，元神爲乙木，生於七月，正是庚金最旺時節，乙木逢剋，其氣衰竭，所幸月干透出壬水正印，自坐中宮壬水長生之處，水仗金生，有沖奔之性，雖云官印相生，然其生而無情，元神乙木有飄盪之憂，必須見土來止水，並培乙木之根，妳的八字時干雖然明現戊土財星，但七月的土，其氣已弱，且原局有水多土蕩之象，命中又不見丙火來生助戊土，所以從這裡看出命中的財星虛浮，所以平生財不易聚，宜上班就職，不宜投資開店，今年丁亥年二十四歲，由於目前大運正在午運，午火生土，加上這兩年丙丁流年生助財星，所以尚有流動資金可用，明年以後邁入己土偏財之運，但甲己合而不化，小心投資上當，故建議乖乖上班。

古人說得好：「發財要命，小富由勤。」值得給妳參考。至於感情方面，由於日坐桃花，平生異性緣就不錯了，祇是官殺星爲命盤的忌神，所以處理感情，尤須愼重，否則徒生困擾，二十七歲庚寅年，官來合日，會有一段感情，二十八歲辛卯流年沖犯日柱，夫宮不穩，感情問題多，經過這年的歷練後，心智必能成熟不少，二十九歲壬辰年，合入夫宮，可許婚緣。對象宜避免兇悍有大男人主義者。婚後要注意的是，不要憑直覺行事，眼前所看到的並非是個眞相，莫太性急，凡事多分析一下再做決定，才能改變宿命。

第五問：今年已經七十一歲了，人生到了這個階段，早過了知命之年，雖然一切都成過眼雲煙，祇是我很納悶，在這一生中勤家教子，侍奉老母，敬拜禮佛，但為何無法擺脫内心的憂慮，我的命到底出了什麼問題？

七殺	丁丑	偏印	
正財	甲辰	正印	
元神	辛未	偏印	財庫
偏印	己亥	傷官	

8	18	28	38	48	58	68
乙巳	丙午	丁未	戊申	己酉	庚戌	辛亥

儒霖老師：

您元神屬辛金，辛金如同珍貴的金飾寶玉，最喜金白水清，但命盤火土重重，時干又透己土，生扶太過，致使元神恐有埋金之憾，所以心情難免鬱悶。幸虧甲木財星高照通根於地支，平生衣食無虞且還有積蓄。從命盤中可以概括的看出以下幾點：

一、印星太旺，洩了七殺夫星的力量，雖然財星可以滋殺，但七殺遠離日主且自洩於丑土，所以雖然財滋殺代表您有幫夫之命，但與先生緣分比較薄，恐會因先生的某些事而讓您憂慮。

二、女命以傷官爲子，原局傷官落於時支，而且逢偏印制伏，所以恐怕會有爲子女煩心的事情發生。

客答：『沒錯，我二十一歲結婚，婚後幫助夫家打理棉被的生意且生意愈來愈好，不料三十歲那年，先生亡故，我扶養三個孩子，在市場上也兼賣些乾貨，省吃儉用的也存了些錢，但其中一個孩子卻愛交些壞朋友，經常惹事令人煩心，不知如何是好。這是孩子的出生八字。』

正官	癸卯	正印
傷官	己未	傷官
元神	丙寅	偏印
比肩	丙申	偏財

6	戊午
16	丁巳
26	丙辰
36	乙卯
46	甲寅
56	癸丑

儒霖老師：

這個命盤元神為丙火，原局一片木火助身，性格上是非常熱心積極，非常重視朋友，只是傷官氣盛，脾氣甚大，行事隨性欠缺考慮，年月傷官遇官，平生易生事端，地支寅申之沖，偏財逢沖，又逢干上丙火剋去，偏財在六親的屬性上代表著父親，所以與父無緣。

照您的說法，他三歲喪父，這在命中就已呈現徵兆，且平生財不易留，易因財惹事，五行忌木火，自行運以來，一路木火之運，造化弄人，也難怪您的兒子會有那麼多的不如意，天下父母心，您的子女星，傷官逢偏印制住，也難怪您會爲子女憂愁。我看過很多的命例，不僅僅夫妻姻緣宿世來，其實有關父母、子女，哪怕是一生所遇到的環境和人事，似乎冥冥之中早有安排，這就好像我們今天的相見、相逢盡是有緣人，這就是我們稱之的命運。

命運的形成，有人歸之於業力，有人樂觀的認爲這是個人元神的安排，是老天的差遣，用來成就這一生的使命，因爲元神是亙古長存的，這一生祇是生生世世中的一小段，這一切的發生都有一個過程，是元神與老天的安排，人體終究是個臭皮囊，最後終歸於塵土，所謂生而學習，這都是一種歷練，命運的好與壞全在於個人對生命的價值觀，您兒子的優點在於熱心助人，缺點在於不知天高地厚，這一生是來接受磨練的，所以痛苦不順，是無法避免的，從剛才我講到您們的命運，應可體會，個人頭上自有一片天，生命雖然彼此相關，卻也是獨立的，我們站在家人的立場上，也僅能給予必要的協助，爲其憂愁可以，但如果因此而讓此生不快樂倒也不必。

生活是全方位的，不必太去注意自己的痛點，換個角度，活著就有價值與希望，您這一生的六親關係雖然不盡如意，但長命百歲也是一個補償，多注意您的氣管和腎臟，好好的保養，周遭還有許多老朋友等著分享您的歷練呢！

第六問：想要知道什麼時候可以存到一筆錢？為什麼錢財總是留不住？也請幫我看一看我的老公適合我嗎？

女命：

食神	甲辰	七殺	
食神	甲戌	七殺	財庫
元神	壬辰	七殺	
正印	辛亥	比肩	

2	癸酉
12	壬申
22	辛未
32	庚午
42	己巳
52	戊辰

儒霖老師：

妳元神爲壬水，就如江河之水，生於九月，時序已進入深秋，寒氣漸增，地支辰戌之沖，丁火飄搖，原局呈現了凍土寒水之象，所以周遭環境缺少了一點暖意，以致造成妳的這一生中，難免會有一點寒意，也就是此生會讓妳體悟到人世間的冷酷。冷酷的感覺來自於地支三土相沖，財印俱傷。通常我們常說印爲生身之本，財爲養命之源，所幸妳食神高透制住七殺，憑著一身功夫與殺力，也能立足於社會，祇是身弱不堪剋洩，僅能靠行運走到金水運幫身，平安就是福。俗語說：「小富由勤，發財要命。」妳八字雖命帶財庫，它只是代表妳很會存錢，平日節省。但辰戌之沖，財庫沖破，站在命格的角度，這是財不易留的原因，通常都發生在流年生肖屬龍或屬狗的年度裡，就像去年四十三歲丙戌年，不但日犯太歲且沖開財庫，因外來的因素，讓妳花費了許多錢，是嗎？

客答：「沒錯，去年家中遭小偷入侵，偷走了金飾和七萬多的現金，損失慘重，讓我非常痛心。那麼我們夫妻關係會如何呢？這是老公的八字。」

男命：

正官	丙午	七殺	9 癸巳
			19 壬辰
正財	甲午	七殺	29 辛卯
			39 庚寅
元神	辛亥	比肩	49 己丑
			59 戊子
比肩	辛卯	偏財	69 丁亥

儒霖老師：其實你們夫妻關係如何，妳應比我更清楚，幹嘛要問呢？從命理的角度來看，妳七殺重且多，幸虧有印來化，雖不能盡如人意，但仍可接受，只是夫宮辰戌之沖呈現不穩跡象，早婚不利，婚後夫妻如聚少離多，或可避免爭執。從妳命盤可以看出妳精明幹練，辛勤持家，正印高透，代表著慈愛之心，這對四十二歲以後的官殺之運，都因正印的力量而能化解老公給妳的壓力。妳先生的命盤元神爲辛金，八字木火並旺，顯示出一幅火爍金流之象，所以平日應是奔波不停、脾氣暴躁、閒不下來的人。

客　答：「他是計程車司機，每日早出晚歸，也賺不到什麼錢，我是經營美容院的平日就很忙，回到家也是很晚了。」

儒霖老師：這就對了，我看到許多七殺旺的人，很多是司機老大呢！不過他的八字火炎土燥，身體上要注意腸道燥結、排便不順之類的毛病，心臟也不好，要注意調理身體，健康很重要。

客　答：「您說的沒錯，早婚不利，十八歲辛酉年與一小兒麻痺者完婚，二十四歲就離婚了，二十八歲再與現在的老公結婚，這些年來由於生意持續的不佳，他脾氣又大，我擔心的是我們會離婚嗎？」

儒霖老師：

妳老公的大運正在劫財大運，劫財會劫正財，夫妻關係易有觀念上的偏差，幸虧你們皆是七殺坐命，脾氣雖壞，但負責任，只是容易把芝麻小事看成大事件，其實透過彼此的了解與溝通是可以降低傷害的，老公八字無食傷，表達能力很差，就看妳的努力了。其實夫妻關係貴在經營，多一層了解就多了一分愛，有了愛就不會再計較了。盡量去欣賞他的優點，他性躁無毒，這樣才會「歡喜做，甘願受」。才能持久。

第七問：今年過年後，認識了一個在酒店上班的女子，雖然這半年來只見過一次，但每天都通電話，彼此也互相的喜歡，我還在當兵，她知道我沒有錢，並說準備要離開酒店去香港學美容，以後會跟我在一起的，請問她會出國嗎？我們以後會在一起嗎？這是我們的八字。

男命：

七殺	癸亥	正官	2 乙卯
			12 甲寅
劫財	丙辰	傷官	22 癸丑
			32 壬子
元神	丁卯	偏印	42 辛亥

正官　壬子　七殺　52庚戌

女命：

食神　甲子　劫財　6丙寅

正財　丁卯　傷官　16乙丑

元神　壬子　劫財　26甲子

偏印　庚戌　七殺　36癸亥

46壬戌

56辛酉

儒霖老師：

男命爲七殺格，身弱喜木火，忌金水，原局忌神官星來合日主，也顯示了日主有濟弱扶傾之心，但重面子，易自尋煩惱，且二十一歲之前大運幫身，讀書順利，乖巧單純，爾後七殺攻身，大環境恐今非昔比。

女命爲食傷生財格，一片水木清奇之象，人必貌美，八字中日元合財，身主亦不弱，賺錢爲第一，所謂合財忌官，加以傷官在提綱，雖是持家幹婦，但夫宮逢刑，日後婚姻尚有的磨，她需要的或許應是一個圓融的人，不計是非。

男命官殺太旺，守法拘謹，太有原則性，女命傷官生財，身不弱，敢愛敢做，且傷官格與七殺格是一種對抗的關係！所以你們對於生命的價值觀，衝突性太大，如果在一起，你絕對是弱者，搞不定她，徒增憂慮，還宜愼思。

天涯何處無芳草，隨著年紀的增長，想法也會不一樣，其實你可以再觀察一陣子，再來做決定，她傷官傲物，日後要是口無遮攔，出言無忌，你受得了嗎？七殺格的人自尊心甚強，以後你有這個胸襟來接受她目前的生活嗎？這是純從命理的角度來做分析，希望能對你有所助益。

第八問：自工作以來，事業運都不佳，風風雨雨的而萌生創業念頭，想請教一下財運？還有三朋格及勾陳得位是什麼意思？

偏印　丁巳　正印　　5 戊申　15 丁未

比肩　己酉　食神　　25 丙午　35 乙巳

元神　己卯　七殺　45甲辰
比肩　己巳　正印　55癸卯
　　　　　　　　　65壬寅

儒霖老師：

你元神屬土，生於仲秋，土質虛弱，喜見水火來滋潤己土，今觀原局火土重重不見水，元神弱中透旺，身強喜金來洩秀生財，惜乎八字不見財星，卯酉之沖，七殺受傷，且木從火勢，代表著七殺無力，所以工作運不但不順，且變動多，所以依命理的角度，不建議你創業，因爲創業不但耗費資金，而且必須是持久性的。大富由命，小富由儉，如果命中無財，大運見到財運尚可運作。從十五歲以來，一路木火逆用神之運，操勞辛苦在所難免，看在生活需要用錢財來養護的情況之下，建議你凡事持之以恆，莫輕言放棄，經常從零開始是一件費力又不討喜的經驗。日月二支卯酉之沖乃命局之病，改變宿命的要領如下：

一、木從火勢爲忌神，易引起肝火旺盛、脾氣大，所以莫太勞累，少生氣、多食水果，調心養氣。

二、八字透比肩無官制，且夫妻宮逢沖，又不見財星來通關，宜養成積蓄的習慣，並加重生活的現實面，多做無益，有了積蓄，娶妻較易成功。

三、食神雖巧，無財亦貧，命局雖以食神爲用神，但不見財星轉化，代表著功夫紮實，但薪資或財力不豐。若要創業還是不脫離以技術爲主的行業。資金投注不宜大。

至於三朋格係指天干三字一樣並含日元，稱爲三朋格，但須透官或印方爲富貴之人，通常命局的好壞，主要是看用神的格局高低而定，子平學講究生剋制化，會合刑沖，命與運需配合的好，方能有所作用，莫爲格局所惑，一字之差，位置變動，全局皆變。

勾陳得位：依《三會通會》說，戊己土屬中央，謂之勾陳，生於四季月，且日柱爲戊寅、戊子，或己卯、己亥等坐下財官，謂之勾陳得位，你的命盤己卯日不是生於四季月（辰戌丑未月）故不能視爲「勾陳得位」。前賢張楠斷曰，勾陳得位是以戊己爲勾陳，得位乃謂其臨財官之地，若戊己身強，則能任財官謂之勾陳得位。若是戊己氣弱，臨財官太旺之地，成爲財多身弱，或爲殺重身輕，若以勾陳得位爲美，就不適宜了。以上的道理搞通了，對於玄武當權，白虎持勢，就可意會，其道理是一樣的。

第九問：我的孩子為什麼這麼不聽話，安親班的老師常說孩子脾氣大，配合度也不好，我很擔心，萬一孩子學壞了，以後去當流氓危害社會，我該怎麼辦呢？這是他的八字，請老師幫忙看一下，我很憂心，為何學校和安親班的老師都要我注意孩子的偏差行為，我該怎麼辦呢？這個孩子會變壞嗎？

男命：

食神	乙亥	劫財	8 丙戌
			18 乙酉
偏財	丁亥	劫財	28 甲申
			38 癸未
元神	癸亥	劫財	48 壬午
			58 辛巳
正官	戊午	偏財	68 庚辰

儒霖老師：

這個八字元神屬水，生於十月，水旺秉令，加上年日地支皆是亥水，這種衆水匯聚成爲一種水勢浩瀚之勢，與元神同類，我們稱之爲身強，大抵身強之人，自掌權衡，主觀性較強，不喜歡受制於人，所以會有老師說這孩子不太聽話。但其出生的時辰是戊午時，五行屬火土，具有溫土止水有如堤岸之功，使水不至於潰堤泛濫成災，八字格外有情。

所以很肯定的告訴妳，這孩子尚能自我管理，所以不會有去當流氓爲害社會的性格，這點大可放心了。

祇是地支三現劫財，身上難免帶有傷痕，常見碰傷、擦傷的事，整個看起來應是一個活潑開朗的小孩，祇是不認輸的個性，難免有不平的舉動和行爲，破壞性較強，這應是正常的反應，是妳多慮了。不知道什麼時候開始，台灣步入了叢林社會，豺狼當道、弱肉強食、爲了生活不擇手段，在激烈的競爭下，專業化、規格化，成了各個從業人員的行爲準則。

孔子因材施教的精神已不復存在，社會呈現了扁平化的發展，更增加了競爭的壓力，大人不舒服，小孩也不快樂，兒童心靈成長的空間受到極大的壓抑，一個物質化的社會，淹沒了人性的良知，爲人父母者千萬不要與社會一般見識，認清兒子的本質，適當的教育，擺對地方就能發揮所長，而成爲有用的人。

他活潑開朗，愛交朋友，自主性高，喜歡表達他的情緒，身體狀況也不錯，好養易成，適時的機會教育即可，不要太過操心，畢竟將來他所面對的環境，都是他自己去面對，妳的經驗對他僅能做個參考，所謂的乖寶寶和唯命是從的觀念已不合時宜了。那是「奴性教育」的產物，是不適合妳孩子的性格。

客　答：「沒錯，誠如老師所言，他確實好動不服輸，脾氣又大，看來我應該用更寬廣的角度去了解孩子的本性，再來規範他，效果可能會更好吧！」

第十問：命運可以改變嗎？如果可以改，應該如何改？如果不能改變，那又何必算命呢？常聽人家說命會愈算愈薄，是這樣的嗎？

儒霖老師：

命是根據個人出生的年、月、日、時而排定，又決定了個人的人格特質、六親關係以及器度的大小，從命盤約略可以看出先天富貴貧賤的程度。運又分為大運與流年，大運是根據個人出生的月令，若陽男陰女則順排，陰男陽女則逆推，是一種時間的推移和變化，簡單的說，就是個人出生後必經的階段，配合著原命喜用神的需要，斷其行運的吉凶悔咎，所以說命與運是一個定數，不可改變。

然而對於人的命運之說，尚須考慮到個人的因素，所以說命運的好與壞，以及對於生命價值的評斷，全在於個人的認定，這就是所謂的天大、地大、人亦大，各佔其三分之一，命如天，運如地，人居其間，本來就有調適的空間。

命理師就如同氣象分析師那樣，根據資料據實以報，多一分心理準備，就多一分篤定，命運雖屬前定，然而透過人類群體的智慧和愛心，以及個人的努力和精神層次的提升和祈願，仍可將阻力化為提升的能量，進而超越現狀，人力雖無法扭轉乾坤，但與命運之間，在心理上取得一個和諧是毋庸置疑的，這就是為何自古聖賢皆罕於言命，故教人規矩以成其事，調其心以應世。

所以要改變所謂的命運，基本上還是要從教育上著手，教育的目的不僅在實現個人理想的完成，更是建立一個安和樂利的社會所必備的一個過程。

朱秉義先生在其《王陽明入聖的工夫》一書中有談到陽明先生對於內心悅樂的觀念，在答顧東橋書中所說的本意中提示了，因爲人的才能秉賦不同，長於此者必短於彼，必須因勢利導，盡量發揮其長處，對社會才會有所裨益。而造就一個成功有用之才以後，要給他一個施展抱負的地方與機會，果能如此，雖然所擔任的工作繁重，也不以爲苦；職位雖然低微，也能安之泰若而不以爲賤。大家全心全意工作，貢獻聰明才智，「我爲人人，人人爲我」，像一家人般的親密，這才是一個和諧。

所謂的一命、二運、三風水、四積陰、五讀書，或許是古人的感覺，但也不虛假。算命的目的簡單說，就是利用命理的學說來分析個人的人格特質、六親關係，以及潛能和性向以做爲升學和謀識的參考，並根據行運順逆來推斷個人一生中的起伏轉折，使之進退有據。

透過命理師的分析更是增進家人相互了解的一種方法，了解後就不會產生誤會。重要的是算命前的心理建設，唯有透過臣服，臣服於元神的安排，臣服於上天的指引，凡事都有它存在的目的，臣服的眞正含意，不是要你對於挫折有所讓步而投降，而是要用智慧來接受事情的眞相，虛心受教與面對，才是解決困境的第一步，面對困境總比活在恐懼、無知中來得踏實，心念一轉，即可海闊天空。

生活是多元的，從生活中去體悟，人生最快樂的方式，不在於錢的多寡，不在於職位的高低，而是在於完成一件事情後的喜悅。不是嗎？若是相信命運，只要本著堅忍的精神，實事求是，默默耕耘，祇待時來運轉，也有枯木逢春的喜悅。

命之所以會越算越薄，在於問命者心理不健全，或遇到庸師，口出穢言，動則要人改命，輕者破財，重者輕生。

命運若可改，天下那有苦命人；姜子牙到八十才遇文王，諸葛亮也曾赤膽忠懷敬告蒼穹，帳內擺下七盞星燈，外布明燈四十九盞，按方位天干地支列西東，並派四十九名甲士來巡守，仍逃不過魏延的無心之過。劉伯溫千算萬算，盡忠皇室而得罪淮西權貴，亦難逃一死，前輩如此，我等凡人豈能例外。

命不會愈算愈薄，也不會愈算愈佳，更不會因爲不信命，就不受命運的牽引。

重要的是個人對於命運的正確觀念，不管是前世因，今世果，還是上天的安排，姑且不談，來到這個世間卻是活生生的事實，既來之則安之，苦樂悲喜皆是短暫的，豐富我們的生命才是最爲眞實的。

第十一問：自學命理已有一段時間了，但對書上說的有氣、無氣，有情、無情，明合、暗合，還是摸糊不清，可否請老師說明一下。

儒霖老師：

命學浩瀚，老師也一直在學習中，在教學生的過程中，也從學生的身上學到許多，然後才知自己所學不足，其實在命學的領域中前輩高手甚多，我較推崇於徐樂吾前輩的論述，總覺得他的論述較爲正確可靠，你的問題就藉著他論述來說明：有氣無氣，是以天干配他支而論，所以先要了解氣進氣退之間，亦即十二宮，從長生到臨官爲氣之進。

例如甲子、乙丑，木臨沐浴冠帶之位，雖弱而有氣。

十二宮中從旺到墓爲氣之退。如甲申、乙酉，木臨於胎絕之地，是爲無氣。至於有情無情的看法，如甲辰，木在衰位，雖爲退氣之木，而辰藏戊乙癸，是爲有情，再如甲戌，戌臨養位，而戌爲燥土，根枯葉瘁，就是無情，又如庚戌，雖說土會生金，但燥土不生金，生而無情，這是有情無情，有氣無氣的另一種看法。至於「合」除了天干五合，地支三合、六合的分別外，更有明合、暗合之分，你說的明合如甲子日己巳時，天干甲己合或子丑合謂之明合。

子日巳時則子中癸水祿氣，與巳中戊土祿氣相合，或卯日申時，卯中乙木祿氣與申中的庚金祿氣相合，稱爲暗合，凡是合就代表著一股力量，若合而爲佳，則爲有情，若合爲忌神又稱之爲無情，其影響命盤的作用力亦大，不可小看。

第十二問：老師說我八字無財，是否意謂著這輩子不但沒錢，也娶不到老婆？那我這輩子的生活不就變成黑白的嗎？

儒霖老師：

命理顯示的僅是一種氣象，並非是一個必然結果，八字無財，不是指不會賺錢，老天不生無根之草，不養無祿之人。

「財星」用在命理上，其與人的對待關係，不僅意味著財力，亦可說是妻子，故又云財為養命之源，不見財星明現，其實亦代表著缺乏人情事理的應對和不善處理金錢方面的事，個性上亦不易為人情所牽絆。

祇要人生的方向抓對，應該比起那些財旺的人可以少去不少煩惱，其實人生最缺乏的就是一種免於煩惱的自由，生活簡單化，才是至高的享受，祇要你願意用心且深長的吸上一口空氣，自然的就可以意會到什麼是用之不盡，取之不竭的長生之寶。我想給你兩個建議。

一、透過對命運的了解，必須重新審視自己的期望，期望不怕大，重點是要與個人的志趣相吻合，這樣在追求理想的過程中，才會有發自心靈深處的基本動力，雖然目前的工作，不是你的興趣，但它卻是激發你再學習的動力，許多希望的完成，是需要時間的配合和自我的成長，就如同我們希望百合花要開的美，當然不是問題，但若是想要百合花開成玫瑰花那樣，那就不可能了。

二、任何的祈願都要考慮到利他性，這也是萬物一體，同求幸福的基本法則，否則的話就不能受到現實的祝福，哪怕是神佛亦難助之，如果命中不帶財，應遵守勤儉持家爲原則，每個生命的存在，絕對有它的目的，與一切的人和好，才是獲得幸運與換取成功的重要祕訣。結了婚之後，更應感念這個女孩，願意將其一生託付於你，就値得你去愛她了，珍惜現在擁有的一切，莫太理想化，這是對於八字無財的人最貼切的建議。

命中有時終須有，命中無時莫強求，此爲自然之道，如果命中無財，祇要財星合於命局所喜，當行大運或流年爲財星時，亦能財如心喜，娶得美嬌娘，祇是運過境遷，還會回歸到本命，從此奢華不再。這是我論命經驗的心得，故提出以上的看法。

國家圖書館出版品預行編目資料

翻書就會算八字／王成義著.
——第一版——臺北市：知青頻道出版；
紅螞蟻圖書發行，2008.07
面 ； 公分——(Easy Quick；86)
ISBN 978-986-6643-19-4（平裝附光碟片）

1.命書 2.生辰八字

293.12 97010039

Easy Quick 86
翻書就會算八字

作　　者／王成義
發 行 人／賴秀珍
總 編 輯／何南輝
校　　對／周英嬌、楊安妮、王成義
美術構成／劉淳涔
出　　版／知青頻道出版有限公司
發　　行／紅螞蟻圖書有限公司
地　　址／台北市內湖區舊宗路二段121巷19號（紅螞蟻資訊大樓）
網　　站／www.e-redant.com
郵撥帳號／1604621-1　紅螞蟻圖書有限公司
電　　話／(02)2795-3656（代表號）
傳　　真／(02)2795-4100
登 記 證／局版北市業字第796號
法律顧問／許晏賓律師
印 刷 廠／卡樂彩色製版印刷有限公司
出版日期／2008年 7 月　第一版第一刷
　　　　　2017年 4 月　　　第二刷

定價 320 元　港幣 107 元

ISBN 978-986-6643-19-4　　Printed in Taiwan